古典文獻研究輯刊

三五編

潘美月・杜潔祥 主編

第13冊

《經義考通說》探源（上）

司馬朝軍 著

國家圖書館出版品預行編目資料

《經義考通說》探源（上）／司馬朝軍　著 -- 初版 -- 新北市：
花木蘭文化事業有限公司，2022〔民111〕
序 4+ 目 2+178 面；19×26 公分
（古典文獻研究輯刊 三五編；第 13 冊）
ISBN 978-626-344-115-6（精裝）
1.CST：經義考 2.CST：經學 3.CST：研究考訂
011.08　　　　　　　　　　　　　　　　111010305

ISBN-978-626-344-115-6

古典文獻研究輯刊
三五編　第十三冊　　　　　　　ISBN：978-626-344-115-6

《經義考通說》探源(上)

作　　者　司馬朝軍
主　　編　潘美月、杜潔祥
總 編 輯　杜潔祥
副總編輯　楊嘉樂
編輯主任　許郁翎
編　　輯　張雅淋、潘玟靜、劉子瑄　美術編輯　陳逸婷
出　　版　花木蘭文化事業有限公司
發 行 人　高小娟
聯絡地址　235 新北市中和區中安街七二號十三樓
　　　　　電話：02-2923-1455／傳真：02-2923-1452
網　　址　http://www.huamulan.tw 信箱 service@huamulans.com
印　　刷　普羅文化出版廣告事業
初　　版　2022 年 9 月
定　　價　三五編 39 冊（精裝）新台幣 98,000 元　　版權所有・請勿翻印

《經義考通說》探源(上)

司馬朝軍 著

作者簡介

司馬朝軍，祖籍湖北公安，生於湖南南縣。武漢大學管理學博士（古典文獻學方向，因學科點設在在信息管理學院），復旦大學中國語言文學博士後，武漢大學珞珈特聘教授。現任上海社會科學院歷史研究所研究員。曾任教育部人文社會科學重點研究基地武漢大學中國傳統文化研究中心專職研究員、武漢大學四庫學研究中心主任、國學院專職教授、歷史學院兼職教授、信息管理學院專職教授，擔任經學、專門史、文獻學三個方向博士生導師。擔任大型文化工程項目《文瀾閣四庫全書》總編纂。著有「四庫學」系列著作，即《四庫全書總目研究》《四庫全書總目編纂考》《四庫全書總目精華錄》《四庫提要精選精注》《四庫全書與中國文化》。另外還有辨偽學系列、目錄學系列、文獻學系列、國學系列著作。

提　要

　　《經義考》一書係清初大儒朱彝尊晚年所編纂的經學文獻工具書，是一部卷帙浩大的經學專科目錄，且成為輯錄體目錄的典範之作。後來的《小學考》《史籍考》《醫籍考》《詞籍考》等書紛紛效響，足見其影響之深遠。《經義考》因為資料豐富，成為經學研究的必備之書。而刪去歲月，不注出處，此二點正是《經義考》的最大缺點。本書對於《經義考通說》進行史源學方面的探源，旨在為初學提供一個經學概說方面的可靠文本。

自　序

　　《經義考》一書，煌煌三百卷，係清初大儒朱彝尊晚年所編纂的經學文獻工具書。

　　朱彝尊（1629～1709），字錫鬯，號竹垞，秀水（今浙江嘉興）人。康熙己未（1679）薦舉博學鴻詞，召試授檢討，入直內廷。彝尊文章爾雅，初在布衣之內，已與王士禎聲價相齊。博識多聞，學有根柢，復與顧炎武、閻若璩、毛奇齡、曹貞吉、陳維崧、潘耒頡頏上下，可謂兼有眾長。凡所撰述，具有本原。楊謙編《朱竹垞先生年譜》，朱則傑撰《朱彝尊研究》（浙江古籍出版社1995年版），王利民撰《博大之宗——朱彝尊傳》（浙江人民出版社2006年版），各有千秋，均可參考。

　　《四庫全書總目》卷八十五關於《經義考》一書的提要寫得比較簡明扼要：

　　　　是編統考歷朝經義之目，初名《經義存亡考》，惟列存、亡二例。後分例曰存、曰闕、曰佚、曰未見，因改今名。凡《御注敕撰》一卷，《易》七十卷，《書》二十六卷，《詩》二十二卷，《周禮》十卷，《儀禮》八卷，《禮記》二十五卷，《通禮》四卷，《樂》一卷，《春秋》四十三卷，《論語》十一卷，《孝經》九卷，《孟子》六卷，《爾雅》二卷，《群經》十三卷，《四書》八卷，《逸經》三卷，《毖緯》五卷，《擬經》十三卷，《承師》五卷，《宣講》《立學》共一卷，《刊石》五卷，《書壁》《鏤版》《著錄》各一卷，《通說》四卷，《家學》《自述》各一卷。其《宣講》《立學》《家學》《自述》三卷，皆有錄無書，蓋撰輯未竟也。每一書前列撰人姓氏、書名、卷數，其卷數

有異同者,則注某書作幾卷。次列存、佚、闕、未見字。次列原書序跋、諸儒論說及其人之爵里。彝尊有所考正者,即附列案語於末。

惟序跋諸篇與本書無所發明者,連篇備錄,未免少冗。又《隋志》著錄,凡於全經之內專說一篇者,如易類之《繫辭注》《乾坤義》,書類之《洪範五行傳》《古文舜典》,禮類之《夏小正》《月令章句》《中庸傳》等,皆與說全經者通敍先後,俾條貫易明。彝尊是書乃以專說一篇者附錄全經之末,遂令時代參錯,於例亦為未善。然上下二千年間,元元本本,使傳經原委一一可稽,亦可以云詳贍矣。至所注佚、闕、未見,今以四庫所錄校之,往往其書具存,彝尊所言不盡可據。然冊府儲藏之秘,非人間所得盡窺。又恭逢我皇上稽古右文,搜羅遺逸,琅嬛異笈,宛委珍函,莫不乘時畢集,圖書之富,曠古所無,儒生抱守殘編,目營掌錄,窮一生之力,不能測學海之津涯,其勢則然,固不足為彝尊病也。

前段介紹了《經義考》一書的基本情況,後段評述其功過得失。優點是「詳贍」,缺點是編例未善。《經義考》因為資料豐富,成為經學研究的必備之書,這是不容置疑的。關於其缺失,「未免少冗」,「時代參錯」,「不盡可據」,這些也談得很實在,但還不夠全面,也不夠透徹。乾嘉時期的一位大儒翁方綱在《蘇齋筆記》中指出:「《經義考》於每書之序多刪去其歲月,觀者何而考其師承之緒及其先後之跡乎?又所載每書考辯論說皆渾稱為某人曰,不注其出於某書、某注、某集,則其言之指歸無由見,而於學人參稽互證之處亦無所裨助。」刪去歲月,不注出處,此二點正是《經義考》的最大缺點。翁方綱洞若觀火,一下子擊中其軟肋。所論皆中肯綮,不可謂之苛論。這些致命的弱點無疑大大降低了它的學術價值,也影響了它作為工具書的使用效率。一般論者以為《經義考》「集經學目錄之大成」,不免推之過高。

我在做這四卷的過程中,發現一個怪現象,即號稱「博大之宗」的朱彝尊居然對理學文獻相當陌生,他對程朱理學的基本文獻與基本觀點不太熟悉,結果往往將後來者抄襲程朱的觀點作為創新點予以著錄。這也從一個側面反映出十七世紀後期、十八世紀前期知識界對理學文獻的掌握狀況。試舉一例。《經義考》引尹焞曰:「讀書者,當觀聖人所以作經之意,與聖人所以用心,與聖人所以至聖人,而吾之所以未至者。句句而求之,晝誦而味之,中夜而思之,平其心,易其氣,闕其疑,則聖人之意見矣。」此段話出自宋尹焞《和

靖集》卷四「壁帖・聖學」條，原文為：「子言：『讀書者，當觀聖人所以作經之意，與聖人所以用心，與聖人所以至聖人，而吾之所以未至者，所以未得者，句句而求之，晝誦而味之，中夜而思之，平其心，易其氣，闕其疑，則聖人之意見矣。』」朱熹跋云：「《和靖尹公先生遺墨》一卷，皆先生晚歲片紙手書聖賢所示治氣養心之要，黏之屋壁以自警戒者，其家緝而藏之。今陽夏趙侯刻置臨川郡齋，摹本見寄。熹竊惟念前賢進修不倦，死而後已，其心炯炯，猶若可識，而趙侯所以摹刻之意，又非取其字畫之工，以供好事者之傳玩而已。捧讀終篇，恍然自失。因敬識其後，以自詔云。淳熙丙申三月丁巳，新安朱熹敬書。」張栻跋云：「和靖先生所居之齋，多以片紙書格言至論置於窗壁間，今往往藏於其家，如此所刻是也。反覆玩繹，遐想其感發之趣，深存體之功至，而浹洽之味為無窮也。嗟乎！學者於此亦可以得師矣。淳熙丙申三月壬戌，廣漢張栻謹書。」據此二跋，可知尹公先生遺墨乃手書聖賢語錄，並非言必己出。《和靖集》明言「子言」，表示不出於己。其實這段話出自伊川程子，語見《近思錄》卷三、《二程遺書》卷二五、《二程粹言》卷上。《朱子語類》卷一九載：「問：『伊川說讀書，當觀聖人所以作經之意與聖人所以用心一條。』曰：『此條程先生說讀書，最為親切。今人不會讀書，是如何？只緣不曾求聖人之意。才拈得些小，便把自意硬入放裏面，胡說亂說，故教他就聖人意上求，看如何問易其氣是如何。曰只是放教寬慢，今人多要硬把捉教住，如有個難理會處，便要刻畫百端，討出來，枉費心力，少刻只說得自底，那裡見聖人意。』又曰：『固是要思索，思索那曾恁地，又舉闕其疑一句，歎美之。』」明呂柟《二程子抄釋》卷六云：「讀書者，當觀聖人所以作經之意，與聖人所以用心，與聖人所以至聖人，而吾之所以未至者，所以未得者，句句而求之，誦而味之，中夜而思之，平其心，易其氣，闕其疑，則聖人之意見矣。」釋云：「如此求索，則聖人在目前矣。」明丘濬《大學衍義補》卷七七云：「此程子讀書法也。學者讀書，誠以此兩賢之言為法，則凡聖賢之所以著書立言與其所以立心制行而至於為聖為賢者，皆可於言意之表得之矣。得其言於心，本之以制行，本之以處事，本之以為學，本之以為政，不徒出口入耳，而皆有諸己以為實行，措諸事以為實用，聖賢地位不難到矣。」由於朱彝尊對於這些常見的理學文獻不熟悉，又誤讀原文，未能探本溯源，致使張冠李戴。諸如此類，書內尚有多處。

　　朱彝尊為什麼對於常見的理學文獻不熟悉呢？因為他畢竟不是理學家，

而是以文學家著稱於世。詩詞古文，諸體皆工，惟獨理學不是他的專長。況且他的學問也不為當時的理學權威陸隴其所認可。1678 年夏天，朱彝尊與同郡陸隴其在北京有過多次「朱陸會」。當時朱彝尊因薦舉進京，陸隴其讀其文典雅不浮，喜其文風。二人見面後，朱彝尊言：「宋、元諸儒經解無人表章，當日就湮沒。」又言：「有日月，必有眾星；有河海，必有細流。今儒者見與程朱異者，便以為得罪先儒。」陸隴其對其學問做了一個比較準確的判斷：「竹垞之學，記誦、詞章之學也。」（《陸隴其年譜》第 250 頁）朱彝尊此時可能已經萌發了編纂《經義考》的念頭，但這些談話並沒有打動陸隴其，更沒有博得他的好感。陸身後被追認為「本朝理學儒臣第一」，在康熙、雍正、乾隆時期享有崇高地位，他所倡導者仍不外乎孔孟程朱之道，而對記誦、詞章之學大不以為然。《陸隴其年譜》第 103～104 頁載有《記誦詞章功利說》一文，他將學術分為記誦之學、詞章之學、功利之學，皆大加貶斥。因此，作為文學家的朱彝尊當時不可能得到理學家陸隴其的印可，「朱陸會」並沒有確立朱彝尊的理學地位。陸隴其卒於 1692 年，而朱彝尊在 1695 年才開始編纂《經義考》，至 1699 年殺青，於 1755 年《經義考》公開出版。《經義考》的編纂與出版是在陸隴其逝世之後的事情，陸隴其也就沒有機會看到此書，即使看到，也不會大加讚賞，相反地，可能會更加吹毛求疵。

張宗友博士認為：「對《經義考》所錄資料，考溯其源，校覈其文，補其未備，從而為學界提供完善的可資利用的文本，即為頗具有現實意義和切實可行的課題。」（《經義考研究》第 344 頁，中華書局 2009 年版）吾友楊果霖教授亦有「還原其原始的出處」的看法，所見略同。筆者早在世紀之交就注意及此，在研究《四庫全書總目》的同時，也開始積累相關資料，準備做《經義考》的溯源校勘工作。具體情況請看本書後記部分。

朱彝尊《經義考》仿馬端臨《文獻通考·經籍志》輯錄體之例，以一己之力，窮數年之功，編纂出一部卷帙浩大的經學專科目錄，且成為輯錄體目錄的典範之作。後來的《小學考》《史籍考》《醫籍考》《詞籍考》等書紛紛效顰，足見其影響之深遠。我們無意否定朱彝尊的歷史功績，也無意貶低《經義考》的史料價值，只是想讓這部名著更加熠熠生輝，更加完美無缺。我們無意成為朱彝尊之諍友、《經義考》之功臣，只是想做一點有利於學術的善事而已。

2009 年平安夜草擬，聖誕節敲定於東湖卓莊

目

次

之為字，本以疏闊、疏遠立名。又《廣雅》云：「疏者，識也。」按：疏訓識，則書疏記識之道存焉。

【探源】唐長孫無忌等《唐律疏義》卷一：昔者聖人制作，謂之為經；傳師所說，則謂之為傳。此則丘明、子夏於《春秋》《禮經》作傳是也。近代以來，兼經注而明之，則謂之為義疏。疏之為字，本以疏闊、疏遠立名。又《廣雅》云：「疏者，識也。」按：疏訓識，則書疏記識之道存焉。

【今按】《文苑英華》卷七百三十五、《全唐文》卷一百三十六所收長孫無忌《律疏議序》同。

106

陸德明曰：五經六籍，先後次第互有不同。如《禮記‧經解》之說，以《詩》為首，《七略》《藝文志》所記《周易》居前，阮孝緒《七錄》亦同此次，而王儉《七志》，《孝經》為初。原其後前，義各有旨。今當以著述早晚、經義總別以成次第。

《周易》：雖文起周代，而卦肇伏羲，既處名教之初，故《易》為七經之首。

《尚書》：起五帝之末，理後三皇之經，故次於《易》。

《詩》：起周文，又兼商頌，故在堯、舜之後，次於《書》。

《周》《儀》二《禮》：並周公所制，宜次文王。

《禮記》：雖為戴聖所錄，然忘名已久。又記二《禮》闕遺，宜相從次於《詩》下。

《春秋》：孔子所作，理當後於周公，故次於《禮》。

《孝經》：與《春秋》雖俱夫子述作，然《春秋》周公垂訓，史書舊章，《孝經》專是夫子之意，故宜在《春秋》之後。

《論語》：是門徒所記，故次《孝經》。

《爾雅》：周公。復為後人所益，且以釋經，故殿末焉。

【探源】唐陸德明《經典釋文‧序錄‧次第》：五經六籍，聖人設教，訓誘機要，寧有短長？然時有澆淳，隨病投藥，不相沿襲，豈無後先？所以次第互有不同。如《禮記‧經解》之說，以《詩》為首；《七略》《藝文志》所記，用《易》居前，阮孝緒《七錄》亦同此次；而王儉《七志》，《孝經》為初。原其後前，義各有旨。今欲以著述早晚、經義總別以成次第，出之如左。

　　《周易》：雖文起周代，而卦肇伏羲，既處名教之初，故《易》為七經之首。《周禮》有「三易」，《連山》久亡，《歸藏》不行於世，故不詳錄。

　　《古文尚書》：既起五帝之末，理後三皇之經，故次於《易》。伏生所誦，是曰今文，闕謬處多，故不別記。馬、鄭所有同異，今亦附之音後。

　　《毛詩》：既起周文，又兼商頌，故在堯、舜之後，次於《易》《書》。《詩》雖有四家，齊、魯、韓世所不用，今亦□□〔註5〕不取。

　　《三禮》：《周》《儀》二《禮》，並周公所制，宜次文王；《禮記》雖有戴聖所錄，然忘名已久，又記二《禮》闕遺，□□〔註6〕相從次於《詩》下。《三禮》次第，《周禮》為本，《儀禮》為末，先後可見。然古有《樂經》，謂之六籍，滅亡既久，今亦闕焉。

　　《春秋》：既是孔子所作，理當後於周公，故次於《禮》。左丘明受經於仲尼，公羊高受之於子夏，穀梁赤乃後代傳聞。《三傳》次第自顯。

　　《孝經》：雖與《春秋》俱是夫子述作，然《春秋》周公垂訓，史書舊章，《孝經》專是夫子之意，故宜在《春秋》之後。《七志》以《孝經》居《易》之首，今所不同。

　　《論語》：此是門徒所記，故次《孝經》。《藝文志》及《七錄》以《論語》在《孝經》前，今不同此次。

　　《老子》：雖人不在末，而眾家皆以為子書，在經典之後，故次於《論語》。

　　《莊子》：雖是子書，人又最後，故次《老子》。

　　《爾雅》：《爾雅》周公〔註7〕，復為後人所益，既釋於經，又非□□□〔註8〕次，故殿末焉。眾家皆以《爾雅》居經典之後，在諸子之前，今微為異。

【今按】朱彝尊於原文有所竄改。

〔註5〕黃焯《經典釋文匯校》第3頁：「空白處宋本缺。或補『課士』二字，非是。」中華書局1980年版。

〔註6〕空白處宋本缺。或補「依類」二字。

〔註7〕吳承仕《經典釋文序錄疏證》第24頁：「盧曰：『周公下脫所作二字。』按：《釋詁》一篇蓋周公所作，《釋言》以下，或言仲尼所增，子夏所足，叔孫通所益，梁文所補。張揖之論詳矣。是舊說為周公所作者僅《釋詁》一篇，則盧校亦未能定也。」中華書局1984年版。

〔註8〕黃焯《經典釋文匯校》第3頁：「宋本缺。或補『老莊比』三字。」又或補「記傳之」三字。

【又按】陸德明，本名陸元朗，字德明，以字行，蘇州人。著有《經典釋文》《周易
　　　　兼義》《易釋文》等作品。兩《唐書》有傳。

107

姚思廉曰：兩漢登賢，咸資經術。魏晉浮蕩，儒教淪歇，公卿士庶罕通
經業矣。夫砥身礪行，必先經術，樹國崇家，率由茲道，故王政因之而至治，
人倫得之而攸序。

【探源】唐姚思廉《陳書・儒林傳》：蓋今儒者，本因古之六學，斯則王教之典籍，
　　　　先聖所以明天道，正人倫，致治之成法也。秦始皇焚書坑儒，六學自此缺
　　　　矣。漢武帝立五經博士，置弟子員，設科射策，勸以官祿，其傳業者甚眾
　　　　焉。自兩漢登賢，咸資經術。魏晉浮蕩，儒教淪歇，公卿士庶罕通經業矣。
　　　　宋、齊之間，國學時復開置。梁武帝開五館，建國學，總以五經教授，經
　　　　各置助教云。武帝或紆鑾駕，臨幸庠序，釋奠先師，躬親試胄，申之宴語，
　　　　勞之束帛，濟濟焉斯蓋一代之盛矣。高祖創業開基，承前代離亂，衣冠殄
　　　　盡，寇賊未寧，既日不暇給，弗遑勸課。世祖以降，稍置學官，雖博延生
　　　　徒，成業蓋寡。今之採綴，蓋亦梁之遺儒云。……史臣曰：夫砥身勵行，
　　　　必先經術，樹國崇家，率由茲道，故王政因之而至治，人倫得之而攸序。
　　　　若沈文阿之徒，各專經授業，亦一代之鴻儒焉。文阿加復草創禮儀，蓋叔
　　　　孫通之流亞矣。

【今按】姚思廉（557～637），字簡之，一說名簡，字思廉，吳興（今浙江湖州）人。
　　　　其父姚察於陳朝滅亡後到隋朝做官，遷至北方，故兩《唐書》中《姚思廉傳》
　　　　稱其為京兆萬年（今陝西長安縣）人。貞觀十年（636），成《梁書》《陳書》。
　　　　又著有《文思博要》，已失傳。

108

劉知幾曰：聖賢述作，是曰經典。句皆《韶》《夏》，言盡琳琅。

【探源】語見劉知幾《史通・內篇・敘事第二十二》。

109

又曰：《書》編典誥，宣父辨其流。《詩》列風雅，卜商通其義。

【探源】語見劉知幾《史通・內篇・探賾第二十七》。

110

又曰：《尚書》古文，六經之冠冕也。《春秋》左氏，三傳之雄霸也。

【探源】語見劉知幾《史通·內篇·鑒識第二十六》。

111

又曰：昔《詩》《書》已成，而毛、孔立傳。傳之時義，以訓詁為主，亦猶《春秋》之傳，配經而行也。降及中古，始名傳曰注。蓋傳者，轉也，轉授於無窮；注者，流也，流通而靡絕。惟此二名，其歸一揆。鄭玄、王肅述五經而各異，何休、馬融論三傳而競美，欲加商榷，其流實繁。

【探源】語見劉知幾《史通·內篇·補注第十七》。

112

趙撰曰：昔犧后作《易》，周公創《禮》，孔父修《雅》。若三聖不作，則後王何述？故天地非宓皇不昭，長幼非周公不序，雅頌又非孔子不列矣。

【探源】唐張懷瓘《書斷》卷下：趙撰（字克勳）《繫論》：昔犧后作《易》，周公創《禮》，孔父修《雅》，豈徒異之而已，將實大造化之根，出君臣之義，考風俗之正耳。若三聖不作，則後王何述？故天地非伏皇不昭，長幼非周公不序，《雅》《頌》又非孔子不列矣。是三聖者，所謂能弘其道而由之也。茲又論夫文字，發軔箋翰，殊出本於其初，以迄今代，三千餘載，眇然難知。而書斷之為義也，聞我後之所好，述古能以方之，不謂其智乎？較前人之尤工，陳清頌以別之，不謂其白乎？體物備象，有大《易》之制，紀時錄號，同《春秋》之典。自古文肄草跡，列十書而詳其祖，首神品至能筆，出三等而備厥，人所謂執簡之太素，含毫之萬象，申之宇宙，能事斯畢矣。若是夫古或作之有不能評之，評之有不能文之，今斯書也，統三美而絕舉，成一家以孤振，雖非孔父所刊，猶是丘明同事，偉哉！獨哉！君哉！臣哉！前載所不述，非夫人之能誰究哉？

113

李元瓘曰：《三禮》《三傳》《毛詩》《尚書》《周易》，並聖賢微旨。今明經所習，咸以《禮記》文順，人皆競讀。《周禮》，經邦之軌則；《儀禮》，莊敬之楷模；《公羊》《穀梁》，歷代宗（《太平御覽》卷六百八《學部二》引作「崇」）習。今兩監及州縣以獨學無友，四經殆絕，事資訓誘，不可因循，宜令四海均習，九經該備。

【探源】唐杜佑《通典》卷一五《選舉三》：開元八年七月國子司業李元瓘上言：「《三禮》《三傳》及《毛詩》《尚書》《周易》等，並聖賢微旨。生徒教業，必事資經，遠則斯道不墜。今明經所習，務在出身，咸以《禮記》文少，人皆競讀。《周禮》，經邦之軌則；《儀禮》，莊敬之楷模；《公羊》《穀梁》，歷代崇習。今兩監及州縣以獨學無友，四經殆絕，事資訓誘，不可因循。其學生請停，各量配作業，並貢人參試之日，凡習《周禮》《儀禮》《公羊》《穀梁》並請帖十通五，許其入第，以此開勸，即望四海均習，九經該備。」從之。

【今按】李元瓘，一作「李元璀」。

<h1 style="text-align:center">114</h1>

吳兢曰：貞觀四年，太宗以經籍去聖久遠，文字訛謬，詔前中書侍郎顏師古於秘書省考定五經。及功畢，復詔尚書左僕射房玄齡集諸儒重加詳議。時諸儒傳習師說，舛謬已久，皆共非之，異端蜂起。師古輒引晉宋以來古本，隨方曉答，援據詳明，皆出其意表，諸儒莫不歎伏。太宗稱善者久之，賜帛五百段，加授通直散騎常侍，頒其所定書於天下，令學者習焉。太宗又以儒家多門，章句繁雜，詔師古與國子祭酒孔穎達等諸儒撰定五經疏義，凡一百八十卷，名曰《五經正義》，付國學施行。

【探源】唐吳兢《貞觀政要》卷七《崇儒學第二十七》：貞觀四年，太宗以經籍去聖久遠，文字訛謬，詔前中書侍郎顏師古於秘書省考定五經。及功畢，復詔尚書左僕射房玄齡集諸儒重加詳議。時諸儒傳習師說，舛謬已久，皆共非之，異端蜂起。而師古輒引晉、宋已來古本，隨方曉答，援據詳明，皆出其意表，諸儒莫不歎服。太宗稱善者久之，賜帛五百匹，加授通直散騎常侍，頒其所定書於天下，令學者習焉。太宗又以文學多門，章句繁雜，詔師古與國子祭酒孔穎達等諸儒撰定五經疏義，凡一百八十卷，名曰《五經正義》，付國學施行。

【今按】吳兢（670～749），汴州濬儀（今河南開封）人。唐朝著名史學家，武周時入史館，修國史。直言敢諫，頗有獻替。居史館任職 30 餘年，以敘事簡練、奮筆直書見稱。著有《樂府古體要解》《唐春秋》《唐書備闕記》《太宗勳史》《睿宗實錄》《中宗實錄》《貞觀政要》《則天實錄》《唐高宗實錄》等，僅《貞觀政要》傳於今。

115

　　薛放曰：經者，古先聖之至言，多仲尼所發明，皆天人之極致，萬代不刊之典也。《論語》者，六經之精華；《孝經》者，人倫之大本。

【探源】《舊唐書》卷一五五：穆宗常謂侍臣曰：「朕欲習學經史，何先？」放對曰：
「經者，先聖之至言，仲尼之所發明，皆天人之極致，誠萬代不刊之典也。
史記前代成敗得失之跡，亦足鑒其興亡。然得失相參，是非無準的，固不可
為經典比也。」帝曰：「六經所尚不一，志學之士白首不能盡通，如何得其
要？」對曰：「《論語》者，六經之菁華；《孝經》者，人倫之本。窮理執要，
真可謂聖人至言。是以漢朝《論語》首列學官，光武令虎賁之士皆習《孝經》，
玄宗親為《孝經》注解，皆使當時大理，四海乂寧。蓋人知孝慈，氣感和樂
之所致也。」上曰：「聖人以孝為至德要道，其信然乎！」

【今按】薛放，薛戎之弟，登進士第，性端厚寡言，於是非不甚系意。累佐藩府，蒞
事幹敏。官至試大理評事，擢拜右拾遺，轉補闕，歷水部、兵部二員外，遷
兵部郎中。

【又按】薛放將《論語》視為「六經之菁華」，對於宋儒有所啟發。

116

　　成伯瑜曰：何晏《論語》、杜元凱《春秋》名為集解，蔡邕注《月令》謂之章句，范寧注《穀梁》謂之解，何休注《公羊》謂之學，鄭玄謂之箋。蓋序者，緒也，如繭絲之有緒，申其述作之意也。詁者，古也，謂古人之言與今有異。古謂之厥，今謂之其；古謂之權輿，今謂之始是也。訓者，謂別有意義，傳者注之，別名也。傳承師說謂之為傳，出自己意即為注。箋者，表也。毛公之傳有所滯隱，及不曲盡義類，重表明之。述作之體，不欲相因耳。

【探源】唐成伯瑜《毛詩指說·解說第二》：詁者，古也，謂古人之言與今有異。古
謂之厥，今謂之其；古謂之權輿，今謂之始是也。訓者，謂別有意義，與《爾
雅》一篇略同。蕭蕭，敬也；雍雍，和也；戚施，面柔也；籧篨，口柔也；
無念，念也；之子，是子也。此謂之訓也。傳者，注之別名也。傳承師說謂
之為傳，出自己意即為注。注起孔安國，傳有鄭康成。又或不名傳注，而別
謂之義，皆以解經也。何晏、杜元凱名為集解，蔡邕注《月令》謂之章句，
范寧注《穀梁》謂之解，何休注《公羊》為學，鄭玄謂之箋，亦無義例。述
作之體，不欲相因耳。序者，緒也，如繭絲之有緒，申其述作之意也。亦與

義同。今學者以為大序皆是子夏所作，未能無惑。如《關雎》之序，首尾相結，冠束《二南》，故昭明太子亦云《大序》是子夏全制，編入《文選》。其餘眾篇之《小序》，子夏唯裁初句耳，至也字而止。《葛覃》后妃之本也，《鴻雁》美宣王也，如此之類是也。其下皆是大毛自以詩中之意而繫其辭也。後人見序下有注，又云東海衛宏所作，事雖兩存，未為允當，當是鄭玄於毛公傳下即得稱箋，於毛公序末略而為注耳。毛公作傳之日，漢興，已亡其六篇，但據亡篇之《小序》，惟有一句，毛既不見詩體，無由得措其辭也。又高子是戰國時人，在子夏之後。當子夏之世，祭皆有尸靈星之尸，子夏無為，取引一句之下多是毛公所如，非子夏明矣。箋者，表也，毛公之傳有所滯隱，及不曲盡義類，重表明之。或云毛曾為北海太守，玄即北海高密人也，以爵里之隔，致有禮讓文儒之道，其不然乎？

【今按】成伯瑜，即成伯璵，唐代經學家。生平事蹟不詳。著有《尚書斷章》《毛詩斷章》二卷、《毛詩指說》一卷。

117

趙匡曰：立身入仕，莫先於《禮》；《尚書》明王道，《論語》首百行，《孝經》德之本，學者所宜先習。

【探源】唐杜佑《通典》卷一七《選舉五‧雜論議中》：洋州刺史趙匡舉選議曰：……舉人條例：一、立身入仕，莫先於《禮》；<u>《尚書》明王道，《論語》首百行，《孝經》德之本，學者所宜先習</u>。其明經通此，謂之兩經，舉《論語》《孝經》為之翼助，諸試帖一切請停。……故時人云：「明經問策，禮試而已。」所謂變實為虛，無益於政。

【今按】趙匡，字伯循，河東（郡治今山西永濟蒲州鎮）人。仕唐，官至洋州刺史。生卒年不詳，其主要事蹟在大曆年間。師從啖助。啖助以治《春秋》著名於世。趙匡曾補訂啖助所撰《春秋集傳》《春秋統例》，並自撰《春秋闡微纂類義疏》，認為《春秋》文字隱晦，不易明瞭，於是舉例闡釋，發揮「微言」。此外，他又懷疑《春秋》經文有缺誤，開宋代學者懷疑經傳的風氣。

118

陸贄曰：仲尼敘禮樂，刪《詩》《書》，修《春秋》，廣《易》道，六經之義，所尚各殊。

【探源】唐陸贄《翰苑集》卷六《策問博通墳典達於教化科》：皇帝若曰：「朕承祖

宗之鴻烈，獲主神器，任大守重，懼不克堪，思與賢士大夫共康理道，虛
襟以佇，側席以求，而群議紛然，所見異指，或牽古義而不變，或趨時會
而不經，依違以來，七年於茲矣。國制多缺，朕甚惡焉。今子大夫博習墳
典，深明教化，褎然充舉，咸造於庭，其極思精心，以喻朕之未窹。」<u>仲
尼敘禮樂，刪《詩》《書》，修《春秋》，廣《易》道，六經之教，所尚各殊，
豈學者修行，理當區別，將聖人立意本異宗源，施之於時，孰為先後？考
之於道，何者淺深？差次等倫，指明其義。夫知本乃能通於變，學古所以
行於今。</u>

【今按】陸贄（754～805），字敬輿，蘇州嘉興（今浙江嘉興）人。貞元十年（794），
　　　　遭構陷後罷相。永貞元年在忠州去世。著有《陸宣公翰苑集》。

119

權德輿曰：漢用經術以都貴位，傳古義以決疑獄，誠為理之本也。

【探源】宋李昉等編《文苑英華》卷四七五引權德輿《策進士問五道‧第一問》：六
　　　　經之後，百氏塞路，微言大義，寖以乖絕，使昧者耗日力，以滅天理，去夷
　　　　道，而趨曲學，利誘於內，不能自還。<u>漢庭用經術以升貴位，傳古義以決疑
　　　　獄，誠為理之本也。</u>

【今按】權德輿（759～818），字載之，天水略陽（今甘肅秦安東北）人，後徙居潤
　　　　州丹徒（今江蘇鎮江）。掌誥九年，三知貢舉，位歷卿相，在貞元、元和年
　　　　間名重一時。著有《權載之集》。

【又按】朱彝尊於原文有所竄改，「漢用經術以都貴位」莫名其妙，當以原文為據。

120

韓愈曰：《書》與《易》《春秋》，經也，聖人於是乎盡其心焉。

【探源】韓愈《進士策問十三首》：問：《書》稱：「汝則有大疑，謀及乃心，謀及卿
　　　　士，以至於庶人，龜筮考其從違，以審吉凶。」則是聖人之舉事興為，無不
　　　　與人共之者也。於《易》則又曰：「君不密則失臣，臣不密則失身。幾事不
　　　　密，則害成。」而《春秋》亦有譏漏言之詞。如是，則又似不與人共之而獨
　　　　運者也。<u>《書》與《易》《春秋》，經也，聖人於是乎盡其心焉耳矣。</u>其文相
　　　　戾悖如此，欲人之無疑，不可得已。是二說者，其信有是非乎？抑所指各殊，
　　　　而學者不之能察也。諒非深考古訓，讀聖人之書者，其何能辨之。

121

又曰:《春秋》謹嚴,《左氏》浮誇,《易》奇而法,《詩》正而葩。

【探源】韓愈《進學解》:《春秋》謹嚴,《左氏》浮誇,《易》奇而法,《詩》正而葩。
下逮莊、騷,太史所錄,子雲、相如,同工異曲。先生之於文,可謂閎其中
而肆其外矣。

122

柳宗元曰:文者以明道。本之《書》以求其質,本之《詩》以求其恒,本
之《禮》以求其宜,本之《春秋》以求其斷,本之《易》以求其動,此所以取
道之原也。

【探源】唐柳宗元《柳河東集》卷三四《答韋中立書》:始吾幼且少,為文章以辭為
工。及長,乃知文者以明道,是固不苟為炳炳烺烺,務彩色、誇聲音而以為
能也。凡吾所陳,皆自謂近道,而不知道之果近乎?遠乎?吾子好道,而可
吾文,或者其與道不遠矣。故吾每為文章,未嘗敢以輕心掉之,懼其剽而不
留也。未嘗敢以怠心易之,懼其弛而不嚴也。未嘗敢以昏氣出之,懼其昧沒
而雜也。未嘗敢以矜氣作之,懼其偃蹇而驕也。抑之欲其奧,揚之欲其明,
疏之欲其通,廉之欲其節,激而發之,欲其清,固而存之,欲其重,此吾所
以羽翼夫道也。本之《書》以求其質,本之《詩》以求其恒,本之《禮》以
求其宜,本之《春秋》以求其斷,本之《易》以求其動,此吾所以取道之原
也。參之穀梁氏以厲其氣,參之孟、荀以暢其支,參之莊、老以肆其端,參
之《國語》以博其趣,參之《離騷》以致其幽,參之太史公以著其潔,此吾
所以旁推交通而以為之文也。

【今按】此論四部與文章之關係,《經義考》僅節取五經與文章之部分。

123

李翱曰:六經之辭,創意造言,皆不相師。故其讀《春秋》也,如未嘗有
《詩》也;其讀《詩》也,如未嘗有《易》也;其讀《易》也,如未嘗有《書》
也……義深則意遠,意遠則理辨,理辨則氣直,氣直則辭盛,辭盛則文工……
此因學而知者也。

【探源】唐李翱《李文公集》卷六《答朱載言書》:列天地,立君臣,親父子,別夫婦,
明長幼,浹朋友,六經之旨也。浩乎若江海,高乎若丘山,赫乎若日火,包乎

若天地。掇章稱詠，津潤怪麗。<u>六經之詞也，創意造言，皆不相師</u>。故其讀
《春秋》也，如未嘗有《詩》也；其讀《詩》也，如未嘗有《易》也；其讀
《易》也，如未嘗有《書》也；其讀屈原、莊周也，如未嘗有六經也。<u>故義深
則意遠，意遠則理辨，理辨則氣直，氣直則辭盛，辭盛則文工</u>。如山有恆、
華、嵩、衡焉，其同者高也，其草木之榮不必均也。如瀆有淮、濟、河、江焉，
其同者出源到海也，其曲直淺深、色黃白不必均也。如百品之雜焉，其同者飽
於腹也，其味鹹、酸、苦、辛不必均也。<u>此因學而知者也</u>。此創意之大歸也。

【今按】李氏僅知其一，不知其二，更不能舉一反三，觸類旁通，不可取也。

124

白居易曰：天之文，三光首之。地之文，五材首之。人之文，六經首之。

【探源】唐白居易《白氏長慶集》卷四五《與元九書》：夫文尚矣，三才各有文。<u>天
之文，三光首之。地之文，五材首之。人之文，六經首之</u>。就六經言，《詩》
又首之，何者？聖人感人心，而天下和平。感人心者，莫先乎情，莫始乎言，
莫切乎聲，莫深乎義。詩者，根情苗言，華聲實義，上自賢聖，下至愚騃，
微及豚魚，幽及鬼神，群分而氣同，形異而情一，未有聲入而不應，情交而
不感者。聖人知其然，因其言，經之以六義，緣其聲，緯之以五音。音有韻，
義有類，韻協則言順，言順則聲易入。類舉則情見，情見則感易交。於是乎
孕大含深，貫微洞密，上下通而一氣泰，憂樂合而百志熙。

【今按】白居易善於織網，將天文、地文、人文一網打盡。

125

〔又曰〕：講《詩》者以六義風賦為宗，不專於鳥獸草木之名也。讀《書》
者以五代典謨為旨，不專於章句詁訓之文也。習《禮》者以上下長幼為節，不
專於俎豆之數、襭襲之容也。學《樂》者以中和友孝為德，不專於節奏之變、
綴兆之度也。夫然……故溫柔敦厚之教，疏通知遠之訓，暢於中而發於外矣。
莊敬威嚴之貌，易直子諒之心，行於上而流於下矣。

【探源】唐白居易《白氏長慶集》卷六五《救學者之失》「禮樂詩書」條云：<u>講《詩》
者以六義風賦為宗，不專於鳥獸草木之名也。讀《書》者以五代典謨為旨，
不專於章句詁訓之文也。習《禮》者以上下長幼為節，不專於俎豆之數、襭
襲之容也。學《樂》者以中和友孝為德，不專於節奏之變、綴兆之度也。夫</u>

然,則《詩》《書》無愚誣之失,《禮》《樂》無盈減之差,積而行立者乃升之於朝廷,習而事成者乃用之於宗廟,是故溫柔敦厚之教,疏通知遠之訓,暢於中而發於外矣。莊敬威嚴之貌,易直子諒之心,行於上而流於下矣。則睹之者莫不承順,聞之者莫不率從,管乎人情,出乎理道,欲人不化,上不安,其可得乎?

【今按】「又曰」二字為筆者所加。原文將不同來源的文章誤合為一。

【又按】《樂記》曰:「致樂以治心,則易直子諒之心油然生矣。易直子諒之心生,則樂,樂則安,安則久,久則天。」於此可見禮樂不可須臾去身。白樂天將此旨闡發無遺,以救學者之失,偉哉!

126

歸崇敬曰:五經六籍,古先哲王致理之式也。

【探源】此文出自歸崇敬《辟雍議》,文載董誥編《全唐文》卷379。(此條參考陳開林《〈經義考‧通說〉引文續考》)

【今按】歸崇敬(712〜799),字正禮,吳縣(今江蘇蘇州)人。《舊唐書》卷一四九:「歸崇敬,字正禮,蘇州吳郡人也。……今太學既不教樂,於義則無所取,請改司業,一為左師,一為右師,位正四品。又以五經六籍,古先哲王致理〔註9〕之式也。國家創業,製取賢之法,立明經,發微言於眾學,釋回增美,選賢與能。自艱難已來,取人頗易,考試不求其文義,及第先取於帖經,遂使專門業廢,請益無從,師資禮虧,傳受義絕。今請以《禮記》《左傳》為大經;《周禮》《儀禮》《毛詩》為中經;《尚書》《周易》為小經,各置博士一員。其《公羊》《穀梁》文疏少,請共準一中經,通置博士一員。所擇博士,兼通《孝經》《論語》,依憑章疏,講解分明,注引旁通,問十得九;兼德行純潔,文詞雅正,儀形規範,可為師表者。今四品以上各舉所知。在外者給驛,年七十已上者蒲輪。其國子、太學、四門、三館,各立五經博士,品秩上下,生徒之數,各有差。其舊博士、助教、直講、經直及律館、算館助教,請皆罷省。其教授之法,學生至監,謁同業師。其所執贄,脯脩一束、清酒一壺,衫布一段,其色隨師所服。師出中門,延入與坐,割脩斟酒,三爵而止。乃發篋出經,摳衣前請。師為依經辨理,略舉一隅,然後就室。每

〔註9〕致理,猶致治。《資治通鑒‧唐文宗開成五年》:「致理之要,在於辯群臣之邪正。」

朝、晡二時請益，師亦二時居講堂，說釋道義，發明大體，兼教以文行忠信之道，示以孝悌睦友之義。旬省月試，時考歲貢。以生徒及第多少，為博士考課上下。其有不率教者，則檟楚撲之。國子不率教者，則申禮部，移為太學。太學之不變者，移之四門。四門之不變者，歸本州之學。州學之不變者，復本役，終身不齒。雖率教九年而學不成者，亦歸之州學。其禮部考試之法，請無帖經，但於所習經中問大義二十，得十八為通；兼《論語》《孝經》各問十得八，兼讀所問文注義疏，必令通熟者為一通。又於本經問時務策三道，通二為及第。其中有孝行聞於鄉閭者，舉解具言於習業之下。省試之日，觀其所實，義少兩道，亦請兼收。其天下鄉貢，亦如之。習業考試，並以明經為名。得第者，授官之資與進士同。若此，則教義日深，而禮讓興；禮讓興，則強不犯弱，眾不暴寡。此由太學而來者也。」歸崇敬《辟雍議》已經被節錄入史傳。朱彝尊僅僅撮錄觀點，今補出論述部分。

127

陸龜蒙曰：六籍者，聖人之海也。

【探源】唐陸龜蒙《笠澤叢書》卷四《蠏志》：今之學者，始得百家小說，而不知孟軻、荀、揚氏之道。或知之，又不汲汲於聖人之言，求大中之要，何也？百家小說，沮洳也；孟軻、荀、揚氏，聖人之瀆也；六籍者，聖人之海也。苟不能捨沮洳而求瀆，由瀆以至於海，是人之智反出於水蟲下，能不悲夫？吾是以志其蠏。

【今按】陸龜蒙（？～881），字魯望，號天隨子、江湖散人、甫里先生，長洲（今江蘇蘇州）人。曾任湖州、蘇州刺史幕僚，後隱居松江甫里（今蘇州市吳中區甪直鎮）。著有《甫里先生文集》等。

128

又曰：六籍中，獨《詩》《書》《易》《春秋》經聖人之手。《禮》《樂》二《記》，雖載聖人之法，近出二戴，未能通一純實，故時有齟齬不安者。

【探源】唐陸龜蒙《笠澤叢書》卷二《復友生論文書》：我自小讀六經、孟軻、揚雄之書，頗有熟者，求文之指趣規矩，無出於此。及子史，則曰：子近於經，經語古而微；史近書，書語直而淺。所言子近經，近何經？史近書，近何書？書則記言之史也。史近《春秋》，《春秋》則記事之史也。六籍中，獨《詩》《書》

《易象》與《魯春秋》經聖人之手耳。《禮》《樂》二《記》，雖載聖人之法，近出二戴，未能通一純實，故時有齟齬不安者。蓋漢代諸儒爭撰而獻之，求購金耳。記言記事，參錯前後，曰經曰史，未可定其體也。案經解則悉謂之經，區而別之，則《詩》《易》為經，《書》與《春秋》實史耳。學者不當混而言之。

129

又曰：《經解》篇名出於戴聖。王輔嗣因之，以《易》為經。杜元凱因之，以《春秋》為經。按：《經解》則六籍悉謂之經，區而別之，則《詩》《易》為經，《書》與《春秋》其實史爾。

【探源】唐陸龜蒙《笠澤叢書》卷二《復友生論文書》：且《經解》之篇句名出於戴聖耳。王輔嗣因之，以《易》為經。杜元凱因之，以《春秋》為經。孔子曰：「學《詩》乎？學《禮》乎？」《易》之為書也，原始要終，知我以《春秋》，罪我以《春秋》，未嘗稱經。稱經非是聖人旨也。……苟以六籍謂之經，習而稱之可也，指司馬遷、班固之書謂之史，何不思之甚乎！六籍之內，有經有史，何必下及子長、孟堅然後謂之史乎？孔子曰：「吾猶及史之闕文也。」又曰：「質勝文則野，文勝質則史。」又曰：「董狐，古之良史也。」此則筆之曲直，體之是非，聖人悉論而辯之矣，豈須班、馬而後言史哉？以《詩》《易》為經，《書》與《春秋》為史，足矣，無待於外也。

130

王讜曰：大曆以後學士：蔡廣成《周易》，強蒙《論語》，啖助、趙匡、陸質《春秋》，施士丐《毛詩》，袁彝、仲子陵、韋彤、裴茞講《禮》，章庭珪、薛伯高、徐閱通經。

【探源】宋王讜《唐語林》卷二：大曆已後，專學者，有蔡廣成《周易》，強蒙《論語》，啖助、趙匡、陸質《春秋》，施士匄《毛詩》，袁彝、仲子陵、韋彤、裴茞講《禮》，章庭珪、薛伯高、徐潤並通經。其餘地理則賈僕射，兵賦則杜太保，故事則蘇冕、蔣乂，曆算則董純，天文則徐澤，氏族則林寶。

【今按】明胡應麟《少室山房筆叢》卷二二解釋說：「此所載中唐後經術士，皆史所略者。中惟啖、趙、賈、杜、蘇、蔣稍見《唐書》，餘大抵沒沒也。漢魏六朝諸人，儒林自有傳，此不錄。宋初，邢昺等尚多以注疏顯。至洛、閩譚理，而經學迥別前代矣。」

【又按】王讜，字正甫，生卒年不詳。長安（今陝西西安）人。著有《唐語林》。

131

徐寅曰：溫柔敦厚，出風雅之詠歌；比事屬辭，本《春秋》之黜陟；協彼典教，諧斯《禮》文；廣博而《樂》章具有，精微而《易》象攸分，先王所以總斯御物也。

【探源】徐寅《京兆府試入國知教賦》：天闢區宇，人尊帝王國。將入於封部，教先知於典章。不宰成功，乃合乾坤之德。無私鑒物，能齊日月之光。多士之操，修六經之楷式。將欲明其教，必在遊於國。<u>溫柔敦厚，出風雅之詠歌；比事屬詞，本《春秋》之黜陟；協彼典教，諧斯《禮》文；廣博而《樂》章具有，精微而《易》象爰分，先王所以總斯御物。</u>〔註10〕

【今按】朱彝尊於原文有所點竄。

【又按】徐寅，字昭夢，莆田即今福建莆田人。博學多才，尤擅作賦。為唐末至五代間較著名的文學家。著有《徐正字詩賦》。

132

《新唐書·藝文志》曰：自六經焚於秦而復出於漢，其師傳之道中絕，而簡編脫亂訛闕，學者莫得其本真，於是諸儒章句之學興焉。其後，傳、注、箋、解、義疏之流轉相講述，而聖道粗明，然其為說固已不勝其繁矣。

【探源】語見宋歐陽修《新唐書》卷五七《藝文志序》。

【今按】「粗明」，《四庫薈要》本作「麗明」。

〔註10〕《文苑英華》卷六九。

亨、《經義考・通說二・說經中》探源

133

宋太宗曰：六經之旨，聖人用心，固與子、史異矣。

【探源】宋李燾《續資治通鑑長編》卷六五真宗：壬申，御崇政殿，試賢良方正著作佐郎陳絳、溧水縣令史良文、丹陽縣主簿夏竦。先是，上謂宰臣曰：比設此科，欲求才識，若但考文義，則積舉者方能中選，苟有濟時之用，安得而知。朕以為：「六經之旨，聖人用心，固與子、史異矣。今策問宜用經義，參之時務。」王旦曰：「臣等每奉清問，語及儒教，未嘗不以六經為首。邇來文風丕變，實由陛下化之。」上因命兩制各上策問，擇而問焉。絳竦所對，入第四次等，擢絳為右正言，竦為光祿寺丞。竦德安人，承皓子也。

【今按】宋陳均《九朝編年備要》卷七亦云：「得陳絳、史良、夏竦，上曰：『六經之旨，聖人用心。今策問宜用經義，參之時務。』」此為節引，不及李燾《續資治通鑑長編》完備。

【又按】宋太宗已經明確地認識到六經固與子、史異，而後人拼命地混淆這種異同，其用意在否定聖人之用心。

134

真宗曰：經籍立言，各有旨趣，自不能無異同。

【探源】宋曹彥約《經幄管見》卷二：景德四年，上問王旦：「仲尼作《春秋》，因言五經大義，朕在藩邸時，邢昺繼日講說，但經籍立言，各有旨趣，不能無同異。每詢於昺，但引義疏以對，推之聖人，應機設教，所說同異，終不能談

其微旨。至若孔子言管仲，如其仁，復云與召忽事公子糾，召忽死之，管仲乃歸齊，相桓公，九合諸侯，豈非召忽以忠死，管仲不能固其節耶？為臣之道當若是乎？昺不能對。似此常別舉故事明之。」臣讀畢，口奏：管氏之學，不粹於聖人之道，出處之際容有可議者，故其成功止於霸者之事而已。聖人於其人，或褒或貶，隨其事而言之，不舉一而廢一，既以小器目之，又於其有三歸而譏其焉得儉，於其樹塞門而責其不知禮，愛而知其惡也。然至於糾合諸侯，不以兵車，一匡天下，民到於今受其賜，憎而知其善也。出處雖有可議，而功過不相掩矣。

【今按】邢昺為宋真宗講經，帝有所詢問，邢昺只會引掉書袋，不能談聖人之微旨。以己昏昏焉能使人昭昭？

135

孝宗曰：六經斷簡，闕疑可也，何必強為之說？

【探源】宋周密《齊東野語》卷一「孝宗聖政」條：程泰之大昌以天官兼經筵，進講《禹貢》，闕文疑義，疏說甚詳，且多引外國幽奧地理，上頗厭之，宣諭宰執云：「六經斷簡，闕疑可也，何必強為之說？且地理既非親歷，雖聖賢有所不知，朕殊不曉其說，想其治銓曹亦如此。」既而補外。

【今按】《經義考》卷九三亦載之。《四庫全書總目》卷十一《禹貢論》提要將《齊東野語》誤作《癸辛雜識》。《齊東野語》講明了語境，而朱彝尊刪去語境之後只剩下了觀點。假如離開了當時的語境，我們就不會知道這一觀點是如何提出來的。本書的溯源，一個主要目的就是要回到歷史語境之中，還原歷史場景。

136

理宗曰：治國平天下之道，無出於六經，《易》明其理，《書》正其事，《詩》通其情，周典詳其禮，《春秋》志其變，記《禮》則雜紀焉者也。人主視六經格言，如金科玉條，罔敢逾越，則逸德鮮矣。

【探源】宋潛說友《咸淳臨安志》卷七：理宗皇帝：「朕觀書契以來，人極茂建，聖賢大訓，佈在方策，其言治國平天下之道，無出於六經。而求之六經之要，一日不可違者，其惟天道乎？大概《易》明其理，《書》正其事，《詩》通其情，《周禮》《春秋》志其變，記禮則雜紀焉者也。人主知天之當敬視六經格言，如金科玉條，罔敢逾越，則逸德鮮矣。仰惟祖宗丕靈，承帝事，撫有方

夏，列聖垂謨，無一息不以敬天為心，國史登載，難以殫舉，然未有不本於
六經之旨。」

【今按】朱彝尊於原文有所竄改。宋理宗從理、事、情、禮、變等方面闡明了治道與
六經的關係，確定了理學的地位，也提升了儒家的地位。

137

王禹偁曰：夫文傳道而明心也。古聖人既不得已而為之。又欲句之難通、
義之難曉，必不然矣。請以六經明之。夫豈難通難曉耶？今為文而捨六經，
又何法焉？若第取《書》之所謂弔由靈，《易》之所謂朋盍簪者，摹其語而謂
之古，亦文之敝矣。

【探源】宋王禹偁《小畜集》卷一八《答張扶書》：夫文傳道而明心也。古聖人不得
已而為之也。且人能一乎心，至乎道，修身則無咎，事君則有立，及其無位
也，懼乎心之所有，不得明乎外，道之所畜，不得傳乎後，於是乎有言焉。
又懼乎言之易泯也，於是乎有文焉。信哉，不得已而為之也。既不得已而為
之，又欲乎句之難道邪？又欲乎義之難曉邪？必不然矣。請以六經明之。《詩》
三百篇，皆儷其句，諧其音，可以播管絃，薦宗廟，子之所熟也。《書》者，
上古之書，二帝三王之世之文也，言古文者無出於此，則曰：「惠迪吉，從
逆凶。」又曰：「德日新，萬邦惟懷。志自滿，九族乃離。」在《禮・儒行》
者，夫子之文也，則曰「衣冠中，動作慎，大讓如慢，小讓如偽」云云者。
在《樂》，則曰：「鼓無當於五聲，五聲不得不和；水無當於五色，五色不得
不彰。」在《春秋》，則全以屬辭比事為教，不可備引焉。在《易》，則曰：
「乾道成男，坤道成女。日月運行，一寒一暑。」夫豈句之難道邪？夫豈義
之難曉邪？今為文而捨六經，又何法焉？若第取其《書》之所謂弔由靈、《易》
之所謂朋合簪者，模其語而謂之古，亦文之弊也。〔註1〕

【今按】朱彝尊於原文有所竄改。

【又按】王禹偁（954～1001），字元之，濟州巨野（今山東巨野）人。太平興國八年
進士，歷任右拾遺、左司諫、知制誥、翰林學士。敢於直言諷諫，因此屢受
貶謫。宋真宗即位，召還，復知制誥。後貶至黃州，後又遷蘄州病死。著有
《小畜集》《五代史闕文》。

―――――――――

〔註1〕宋張鎡《仕學規範》卷三二引之，元王構《修辭鑒衡》卷二「六經之文易曉」
條亦引之，四庫本後者有闕文。

138

李塗曰：《易》《書》《詩》《春秋》《儀禮》《禮記》《周禮》《論語》《大學》《中庸》《孟子》皆聖賢明道經世之言。雖非為作文設，而千萬世文章從是出焉。

【探源】宋李耆卿《文章精義》〔註2〕：<u>《易》《詩》《書》《儀禮》《春秋》《論語》《大學》《中庸》《孟子》皆聖賢明道經世之書。雖非為作文設，而千萬世文章從是出焉</u>。《國語》不如《左傳》，《左傳》不如《檀弓》，敘晉獻公驪姬申生一事，繁簡可見。

【今按】朱彝尊《曝書亭集》卷三三《答胡司臬書》云：讀執事之文，其辭閎以達，其體變而不窮，乃來教懇懇，抑何其語之謙也。古文之學不講久矣，近時欲以此自鳴者，或摹仿司馬氏之形模，或拾歐陽子之餘唾，或局守歸熙甫之緒論，未得古人之百一，輒高自位置，標榜以為大家，然終不足以眩天下之目而塞其口，集成而訕謀隨之矣。僕之於文，不先立格，惟抒己之所欲言，辭苟足以達而止。恒自笑曰：平生無大過人處，惟詩詞不入名家，文不入大家，庶幾可以傳於後耳。雖然，僕之為此，非名是務也，實也，其於文也非作偽也，誠也。來教謂法乎秦、漢，不失為唐，法乎唐，不失為宋，於理誠然。若僕之所見秦、漢、唐、宋，雖代有升降，要文之流委而非其源也。顏之推曰：「文章者，原出五經。」而柳子厚論文亦曰：「本之《書》以求其質，本之《詩》以求其恒，本之《禮》以求其宜，本之《春秋》以求其斷，本之《易》以求其動。」王禹偁曰：「為文而捨六經，又何法焉？」李塗曰：「<u>經雖非為作文設，而千萬代文章從是出</u>。」是則六經者，文之源也，足以盡天下之情之辭之政之心，不入於虛偽，而歸於有用。執事誠欲以古文名家，則取法者莫若經焉爾矣。經之為教不一，六藝異科，眾說之郛，大道之管，得其機神而闡明之，則為秦為漢為六朝為唐、宋為元、明，靡所不有，亦靡所不合，此謂取之左右而逢其原也。至於體制，必極其潔，於題，必擇其正。每見南宋而後士人文集往往多頌德政上壽之

〔註2〕《四庫全書》是書卷首提要云：「《文章精義》，世無傳本，諸家書目亦皆不載，惟《永樂大典》有之，但題曰李耆卿撰，而不著時代，亦不知耆卿為何許人。考焦竑《經籍志》，有李塗《文章精義》二卷，書名及李姓皆與此本相合，則耆卿或塗之字歟？載籍無徵，其為一為二，蓋莫之詳矣。」司馬按：《文章精義》在朱彝尊之世應該有傳本。四庫本係館臣從《永樂大典》中輯出。

言，覽之令人作惡，此固執事之所不屑為，而僕恐有嬲執事為之者，冀執
事力為淘汰，斯谷園之編足以不朽矣。〔註3〕

【又按】據新近學者考證，《文章精義》作者李耆卿名「淦」，而非「塗」。其錯訛當
由刊本漫漶而誤，朱彝尊失考。且其成書年代在元朝。（此處參考陳開林《經
義考通說疏證》補正）

<h2 style="text-align:center">139</h2>

又曰：六經是治世之文，《左傳》《國語》是衰世之文。

【探源】宋李耆卿《文章精義》：六經是治世之文，《左傳》《國語》是衰世之文（《書‧
平王之命》一篇，已見衰世氣象），《戰國策》是亂世之文。

【今按】司馬光師法衰世之文——《左傳》，蘇東坡師法亂世之文——《戰國策》。

<h2 style="text-align:center">140</h2>

羅處約曰：六經〔者〕，《易》以明人之權，《禮》以節民之情，《樂》以和
民之心，《書》以敘九疇之秘，煥二帝之美；《春秋》以正君臣而敦名教；《詩》
以正風雅而存規戒。

【探源】《宋史》卷四四〇：羅處約，字思純，益州華陽人。唐酷吏希奭之裔孫。伯
祖袞，唐末為諫官。父濟，仕蜀為升朝官。歸朝，至太常丞。處約嘗作《黃
老先六經論》，曰：先儒以太史公論道德，先黃、老而後六經，此其所以病
也。某曰：「不然。道者何？無之稱也，無不由也。混成而仙，兩儀至虛而
應萬物，不可致詰。況名之曰『道』，道既名矣，降而為聖人者，為能知來
藏往，與天地準，故黃、老、姬、孔通稱焉。其體曰道，其用曰神，無適也，
無莫也，一以貫之，胡先而尊，孰後而卑。」「六經者，《易》以明人之權而
本之於道；《禮》以節民之情，趣於性也；《樂》以和民之心，全天真也；《書》
以敘九疇之秘，煥二帝之美；《春秋》以正君臣而敦名教；《詩》以正風雅而
存規戒。是道與六經一也。」「矧仲尼祖述堯、舜，則況於帝鴻氏乎？華胥
之治，太上之德，史傳詳矣。老聃世謂方外之教，然而與六經皆足以治國治
身，清淨則得之矣。漢文之時，未遑學校，竇后以之而治，曹參得之而相，
幾至措刑。且仲尼嘗問禮焉，俗儒或否其說。」余曰：「《春秋》昭十七年，
郯子來朝，仲尼從而學焉，俾後之人敦好問之旨。矧老子有道之士，周之史

氏乎？余謂六經之教，化而不已則臻於大同，大道之行則蠟賓息歟。黃、老之與六經，孰為先而孰為後乎？又何必纖藉玉帛然後為禮，筍虡鏞鼓然後為樂乎？余謂太史公之志斯見之矣，惡可以道之跡、儒之末相戾而疾其說？病之者可以觀徼，未可以觀妙。」

【今按】朱彝尊於原文有所刪改，又刪去「道與六經一也」的結論。道與經的關係是經學研究的基本問題之一。

【又按】羅處約（960～992），字思純，益州華陽人。羅況之姪孫。有詞學。嘗作《黃老先六經論》一篇，人多重之。太宗時登第，為臨渙作主簿。再遷大理評事。知吳縣，與長洲令王禹偁相唱酬，蘇、杭間多傳誦之。後並召赴京師，帝自定題試之，以禹偁為右拾遺，處約為著作郎，皆直史館。旋為荊湖路巡撫，欲以刻察立名，而急於進用，士論薄之。

141

張詠曰：五常所以正天地之功，六籍所以抉天地之塞。萬古而下，其誰異諸？

【探源】宋張詠《乖崖集》卷七《答友生問文書》：天地闢，聖人作，太樸散，禮義興。謂乎五常，所以祐天地之功。謂乎六籍，所以抉天地之塞。萬古而下，其誰異諸？故君臣父子，非《文言》無以定其分；朝會揖讓，非《文言》無以格其體；政以正之，非《文言》無以導其化；樂以和之，非《文言》無以節其變；咸邇於行事，播為文章。嘻！聖人之道，我也有旨哉。故鼎有銘而《樂》有詩，《禮》有誄而《書》有誥，紛綸眾製，六籍悉備焉。周、漢已降，代不乏賢。視文之否臧，見德之高下，若以偶語之作，參右正之辭，辭得異而道不可異也。故謂好古以戾，非文也；好今以蕩，非文也。

【今按】朱彝尊於原文有所刪改。

【又按】張詠（946～1015），字復之，號乖崖，諡號忠定，濮州鄄城（今山東省菏澤市鄄城縣）人。太平興國年間進士。官至禮部尚書，北宋太宗、真宗兩朝名臣，尤以治蜀著稱。著有《乖崖集》。

142

田錫曰：聖人之道，佈在方策。六經言高旨遠，非講求討論，不可測其淵深。

【探源】宋王稱《東都事略》卷三九：田錫，字表聖，嘉州洪雅人也。咸平三年，召

對言事，錫嘗奏曰：陛下治天下以何道？臣願以皇王之道治之。舊有《御覽》，但記分門事類，不若以經、史、子、集為《御覽》三百六十卷，日覽一卷，經歲而畢。又取經史要切之言為《御屏風》十卷，置御坐側，則治亂興亡之鑒常不忘矣。真宗詔史館，藉以群書，乃先上《御覽》三十卷、《御屏風》五卷。《御覽序》曰：「臣聞，聖人之道，佈在方策。六經則言高旨遠，非講求討論，不可測其淵深。諸史則跡異事殊，非參會異同，豈易記其繁雜？子書則異端之說勝，文集則宗經之辭寡。非獵精以為鑒戒，舉要以觀會同，可為日覽之書，資於日新之德，則雖白首未能窮經，矧王者萬機之暇乎？臣每讀書，思以所得，上補達聰，可以銘於坐隅者，書於御屏，可以用於帝道者，錄為御覽，經取帝王易曉之意，史取帝王可行之事，子或總於雜錄，集或附之，逐篇悉求切當之言，用達精詳之理，俾功業可與堯、舜等，而生靈亦使躋仁壽之域。臣區區之忠，不勝大願。」

【今按】所謂「諸史則跡異事殊，非參會異同，豈易記其繁雜？子書則異端之說勝，文集則宗經之辭寡」，也是討論四部關係問題的富有價值的觀點。如果將所有「可以用於帝道者」匯聚成編，則可名之為《帝藏》矣。「經取帝王易曉之意，史取帝王可行之事，子或總於雜錄，集或附之，逐篇悉求切當之言，用達精詳之理」，假如田錫此議當時付諸實踐，這不正是宋代版的《四庫全書》嗎？

143

趙抃曰：《易》之吉凶，《詩》之美刺，《禮》之污隆，《樂》之治亂，《春秋》之美惡，先代得失存亡，無不紀述。今經筵侍講者，講吉不講凶，講治不講亂，侍讀者讀得不讀失，讀存不讀亡，非所以廣聰明也。

【探源】宋趙抃《清獻集》卷九《奏劄論經筵及御製宸翰》：臣竊以人主之御天下也，其聰明必欲廣，聰明廣則禍福之鑒遠矣。其尊威必欲重，尊威重則上下之理明矣。伏惟陛下，承祖繼宗，體堯蹈舜，睿聖仁厚，固四海稱頌之不暇，何闕遺之有焉。然臣備位諫垣，朝慮夕思，不敢循默者，庶幾有補於未至萬分之一爾。夫《易》之吉凶，《詩》之美刺，《禮》之污隆，《樂》之治亂，《春秋》之美惡，以至《史》《漢》之書，先代得失存亡，無不紀述。今經筵侍講者，講吉不講凶，講治不講亂，侍讀者讀得不讀失，讀存不讀亡，臣愚以為，陛下非所以廣聰明也。

【今按】宋趙汝愚編《宋名臣奏議》卷五〇《上仁宗乞命臣僚等講無隱諱》、明楊士

奇等《歷代名臣奏議》卷六「聖學」門、《御定孝經衍義》卷五八均引此奏，
均有訛誤，當以本集為準。

【又按】趙抃（1008～1084），字閲道，號知非子，衢州人。北宋名臣。景祐元年（1034）
進士，官至右諫議大夫、參知政事，以太子少保致仕。贈太子少師，諡號清
獻。平時以一琴一鶴自隨，為政簡易，長厚清修，日所為事，夜必衣冠露香
以告於天。著有《趙清獻公集》。

【又按】朱彝尊於原文有所刪改，不足為據。

144

李樸曰：《書》道治亂興廢之跡，故其辭顯；《春秋》賞善絕惡歸諸正，故
其辭微；《易》以四象告吉凶，故其辭深而通；《禮》以齊莊恭敬之心達於籩豆
玉帛，故其辭典而嚴；《詩》以君臣父子之情吹於竹、弦於絲，故其辭婉以順。
下三代而道德之意不傳矣。

【探源】宋王正德《餘師錄》卷三載李樸《謁顧子敦侍郎書》云：文章涉秦、漢而病。
夫六經之於道，譬猶一氣之運，產出萬化，孟軻、揚雄為之五行四時之用。
蓋《書》道治亂興廢之跡，故其辭顯；《春秋》賞善絕惡歸諸正，故其辭微；
《易》以四象告吉凶，故其辭深而通；《禮》以齊莊恭敬之心，達於籩豆玉帛，
故其辭典而嚴；《詩》以君臣父子之情，詠於竹，弦於絲，故其辭婉而順。下
三代，而道德之意不傳。在戰國，則蘇秦、張儀以縱橫病，韓非、申、商以
刑名病，莊周、列禦寇又取仁義法度而搯提絕滅之，為窈茫荒怪之說。漢司
馬遷得其汪洋峻逸之氣，以馳騁上下數千載，而顛倒橫斜，識不逮理。歷晉、
魏、齊、梁而光沉氣塞，埋藏腐蝕，頹波橫流，淫靡一轍。唐興，三光五嶽
之氣不分，文風復起。韓愈得其溫淳深潤，以為貫道之器。柳子厚得其豪健
雄肆，飄逸果決者僅足窺馬遷之藩鍵，而類發於躁誕。下至孫樵、杜牧，峻
峰激流，景出象外，而裂窘邊幅。李翶、劉禹錫，刮垢見奇，清勁可愛，而
體乏雄渾。皇甫湜、白居易，閒澹簡質，斸去雕篆，而拙跡每見。回宮轉角
之音，隨時間作，類乏《韶》《夏》，皆淫哇而不可聽。某駑鈍，竊亦有志於
古者，側聞閣下以德行文章取名於時，士之有志於道者，爭出所長，來筴駑
駿，聽於下風，竊自增氣，不識龍門之下可以衵草褐而一叩乎？〔註4〕

〔註4〕宋潘自牧《記纂淵海》卷七五著述部「評文下」、宋祝穆《古今事文類聚別集》
卷五「歷代文士」均引之。

【今按】明吳伯宗《榮進集》卷一《禮以安上治民》：「嗟夫，天高地下，萬物散殊而禮制行矣。聖人作禮，豈私意作為於其間哉？亦順乎天理自然而已。是故齊莊恭敬，禮之本也；制度品節，禮之文也。無本不立，無文不行，而聖人其兼盡之矣。向使恭敬之不存，威儀之不備，臨蒞之不莊，名分之不正，無尊卑隆殺，無朝聘往來，無鄉飲射饗、宮室輿馬無其制，衣服飲食無其分，君臣上下而無等威，則天下蕩然而無紀極矣。上欲安得乎？下欲治得乎？是故禮達而分定，分定而後君臣上下各得其所，禮之功用其大如此。聖人之治天下，捨禮其何以哉？」可與李樸之論合觀。

【又按】「下三代而」，《四庫薈要》本作「三代而下」。

<h2 style="text-align:center">145</h2>

孫復曰：虞、夏、商、周之治在於六經。捨六經而求虞、夏、商、周之治，猶泳斷湟污瀆之中，屬望於海也，其可至哉？

【探源】宋孫復《孫明復小集‧寄范天章書二》：伏以宋有天下八十餘祀，四聖承承，龐鴻赫奕，逾唐而跨漢者遠矣。主上思復虞、夏、商、周之治道於聖世也。考四代之學，崇橋門辟水之制，故命執事以蒞之。大哉！主上尊儒求治之心也至矣。然則<u>虞、夏、商、周之治其不在於六經乎？捨六經而求虞、夏、商、周之治，猶泳斷潢污瀆之中，望屬於海也，其可至矣哉</u>？噫！孔子既歿，七十子之徒繼往，六經之旨鬱而不章也久矣。加以秦火之後，破碎殘缺，多所亡散，漢、魏而下，諸儒紛然四出，爭為批註，俾我六經之旨益亂，而學者莫得其門而入。觀夫聞見不同，是非各異，駢辭贅語，數千百家，不可悉數。〔註5〕

【今按】朱彝尊於原文有所刪改，不足為據。

【又按】孫復（992～1057），字明復，號富春，晉州平陽人。著有《易說》《春秋尊王發微》。

【又按】四代之治在於六經，不可捨六經而求四代之治。道與經之關係於此可見一斑。

<h2 style="text-align:center">146</h2>

文彥博曰：國重六經，《禮》《樂》《詩》《書》備矣。刪《詩》《書》，正義始典墳之素。定禮樂，明述作同和之制。贊《易》象，洞窮理盡性之旨。修《春秋》，深屬辭比事之傳。故曰：「夫子之文章可得而聞。」

〔註5〕《宋文選》卷九亦收入此文。

【探源】宋文彥博《潞公文集》卷九《仲尼學文武之道論》：子以四教，文行忠信著矣。<u>國重六經</u>，《禮》《樂》《詩》《書》備矣。故曰：「夫子之文章可得而聞。」遠人不服，修文德以來之。<u>刪《詩》《書》，正義始典墳之素。定禮樂，明述作同和之制。贊《易》象，洞窮理盡性之旨。修《春秋》，列屬辭比事之傳。</u>灼敘百日之儀矩，誕布千載之軌範，此用文之盛矣……

【今按】朱彝尊於原文順序有所顛倒。

【又按】文彥博（1006～1097），字寬夫，號伊叟，汾州介休人。天聖五年（1027）進士，出將入相五十年。著有《文潞公集》。

147

尹洙曰：今博士受經，發明章句，究極義訓，亦志於祿仕而已。天下業經以萬數，而傳師學者百不一二也。若俾業太學者異其科試，惟以明經為上第，則承學之士孰不承於師氏哉？

【探源】宋尹洙《河南集》卷二《敦學》：<u>今太學生徒，博士授經，發明章句，究極義訓，亦志於祿仕而已。</u>及其與郡國所貢士並校其術，顧所得經義訖不一施，反不若閭里誦習者，則師道之不行，宜矣。<u>若俾肄業太學者異其科試，唯以明經為上第，則承學之士孰不從於師氏哉？</u>議者欲郡設學校，誠甚高論，然<u>天下業經以萬數，而傳師學者百不一二</u>，不澄其源，雖置之無益也。又卿大夫家階賞典得仕者，其年及程止校以章句為中格，悉用補吏，非志學者不能自勉，故門選益衰，世德罕嗣，廢學故也。《周官》師氏掌教國子，蓋公卿大夫子也。今祭酒實其任，謂由門調者宜籍於師氏。策以經義，始得補吏，憂其高第，勖其未至，則學者益勸，仕者能世其家矣。

【今按】朱彝尊於原文順序有所顛倒。

【又按】尹洙（1001～1047），字師魯，西京河南府（今河南省洛陽）人。北宋天聖二年進士，授正平主簿，遷河南戶曹，選為館閣校勘，遷太子中允。交好范仲淹，累貶經略判官。後期，遷右司諫、渭州知州、兼領涇原路經略公事，因事再貶均州酒稅。卒諡河南先生。提倡古文運動，著有《河南先生文集》《五代春秋》。

148

歐陽修曰：六經之法，所以法不法，正不正。由不法與不正，然後聖人者出，而六經之書作焉。

【探源】宋歐陽修《詩本義》卷十五《王國風解》：六經之法，所以法不法，正不正。
由不法與不正，然後聖人者出，而六經之書作焉。周之衰也，始之以夷、懿，
終之以平、桓。平、桓而後，不復支矣。故《書》止《文侯之命》，而不復
錄。《春秋》起周平之年，而治其事，《詩》自《黍離》之什而降於風，絕於
《文侯之命》，謂教令不足行也。起於周平之年，謂正朔不足加也。降於《黍
離》之什，謂雅、頌不足興也。教令不行，天下無王矣。正朔不加，禮樂遍
出矣。雅、頌不興，王者之跡息矣。《詩》《書》貶其失，《春秋》憫其微，
無異焉爾。然則《詩》處於衛後，而不次於二南，惡其近於正而不明也。其
體不加周姓而存王號，嫌其混於諸侯而無王也。近正則貶之不著矣，無王則
絕之太遽矣。不著云者，周、召二南至正之詩也，次於至正之詩，是不得貶
其微弱，而無異二南之詩爾。若然，豈降之乎？太遽云者，《春秋》之法，
書王以加正月，言王人雖微，必尊於上，周室雖弱，不絕其正。苟絕而不與，
豈尊周乎？故曰，王號之存，黜諸侯也；次衛之下，別正變也。桓王而後，
雖欲其正風，不可得也。《詩》不降於厲、幽之年，亦猶《春秋》之作不在
惠公之世爾。《春秋》之作傷典誥之絕也，《黍離》之降憫雅、頌之不復也。
幽、平而後，苟有如宣王者出，則禮樂征伐不在諸侯，而雅、頌可知矣。奈
何推波助瀾，縱風止燎乎？〔註6〕

149

又曰：仲尼之業，垂之六經，其道閎博。君人治物，百王之用，微是無以
為法。

【探源】宋歐陽修《文忠集》卷一二四《崇文總目敘釋・儒家類》：仲尼之業，垂之
六經，其道閎博。君人治物，百王之用，微是無以為法。故自孟軻、揚雄、
荀況之徒，又駕其說，扶而大之。歷世諸子，轉相祖述，自名一家，異端其
言，或破碎於大道。然計其作者之意，要之，孔氏不有殊焉。〔註7〕

【今按】此論涉及「聖──經──道」三者之關係，與西方經學解釋學暗合。

〔註6〕宋歐陽修《文忠集》卷六〇亦收入此文。
〔註7〕宋王堯臣等撰《崇文總目》卷五儒家類、宋王應麟《玉海》卷五三藝文諸子
　　　皆引之。

150

又曰：九經正文，通不過四十七萬八千九百九十五字。童子日誦三百，不五年，略可上口。

【探源】見《宋元學案》卷四《廬陵學案》引梓材謹案：「此說有作《歐陽公讀書法》者，其數諸經，先《孝經》，次《論語》一萬一千七百五字，次《孟子》，次《周易》二萬四千一百七字，次《尚書》，次《詩》三萬九千二百三十四字，次《禮記》九萬九千一十字，次《周禮》，次《春秋左傳》。先後、字數微有不同。又云：『九經正文，通不過四十七萬八千九百九十五字。童子日誦三百字，不五年，略可上口。』是先生之說蓋本歐公，而字數有異爾。又其闢佛亦與歐公同，故移《水心文集》一段於後而特為立傳云。」

【今按】《四川通志》卷四〇《樊鼎遇德陽縣儒學復古經樓碑記》：歐陽公言：「九經正史〔註8〕，通不過四十七萬八千九百九十五字，童子日誦三百，不五年，略可上口。」

151

又曰：當漢之時，《易》與《論語》分為三，《詩》分為四，《禮》分為二，及學者散亡，僅存其一，而餘家皆廢，獨《春秋》三傳並行至今。

【探源】宋歐陽修《文忠集》卷一二四《崇文總目敘釋·春秋類》：昔周法壞而諸侯亂，平王以後不復雅，而下同列國，吳楚徐夷並僭稱王，天下之人不稟周命久矣。孔子生其末世，欲推明王道以扶周，乃聘諸侯，極陳君臣之理，諸侯無能用者。退而歸魯，即其舊史，考諸行事，加以王法，正其是非，凡其所書，一用周禮，為《春秋》十二篇，以示後世。後世學者傳習既久，其說遂殊。公羊高、穀梁赤、左丘明、鄒氏、夾氏分為五家。鄒、夾最微，自漢世已廢，而三家盛行。當漢之時，《易》與《論語》分為三，《詩》分為四，《禮》分為二，及學者散亡，僅存其一，而餘家皆廢，獨《春秋》三傳並行至今。初，孔子大修六經之文，獨於《春秋》欲以禮法繩諸侯，故其辭尤謹約而義微隱，學者不能極其說，故三家之傳，於聖人之旨各有得焉。太史公曰：「為人君者，不可不知《春秋》。」豈非王者之法具在乎？

〔註8〕「史」字誤，當為「文」。

152

又曰：妙論精言，不以多為貴。余嘗聽人讀佛書，其數十萬言，謂可數言而盡，乃溺其說者以謂欲曉愚下人，故如此爾。然則六經簡要，愚下人獨不得曉耶？

【探源】宋歐陽修《文忠集》卷一三〇《六經簡要說》：<u>妙論精言，不以多為貴</u>，而人非聰明不能達其義。<u>余嘗聽人讀佛書，其數十萬言，謂可數談而盡，而溺其說者以為欲曉愚下人，故如此爾。然則六經簡要，愚下獨不得曉耶</u>？

【今按】朱彝尊於原文有所刪改。

153

呂陶曰：治性修身，以及國家天下，大略本之仁義，其文莫詳於經。

【探源】呂陶《經史閣記》：夫<u>治性修身，以及國家天下，大略本之仁義，其文莫詳於經</u>。監見古之人注措發施，正邪粹駁，與其生民幸不幸，其跡莫著於史。世之學者，不矜誦數，而率履其言，不競多聞，而慎擇其是，則為有得，亦庶幾善學歟？〔註9〕

【今按】呂陶（1028～1104），字元鈞，眉州彭山（今屬四川）人。仁宗皇祐年間進士，任太原府判官。神宗熙寧三年（1070）知彭州。貶監懷安商稅。元祐二年（1087），涉黨爭，貶為梓州、成都路轉運副使。元祐七年（1092），召回，入為起居舍人，遷中書舍人。哲宗時又外放，知陳州、潞州。崇寧元年（1102）辭歸，在蕭縣隱居並終老。著有《呂陶集》。

154

李清臣曰：五經之道，《易》可以潛，而《書》可以彰，《春秋》可畏，而《詩》可樂，《禮》嚴而不可逾，其辭不同，而為道一也。

【探源】《宋文選》卷十八李邦直《詩論上》：<u>五經之道，《易》可以潛，而《書》可以彰，《春秋》可畏，而《詩》可樂，《禮》嚴而不可逾，其辭不同，而為道一也</u>。世之學者，常為祿利毀譽之所忧，得之則止，是以志之而不能詳，學之而不能極其義，知其文而不能知其道，故五經之道益微。嗚呼！安得外祿利、遺毀譽之人而使學之哉？

〔註9〕宋扈仲榮等編：《成都文類》卷三〇。

【今按】李清臣（1032～1102），字邦直，魏（河北大名）人。神宗召為兩朝史編修官，起居注，進知制誥。哲宗朝，范純仁去位，獨專中書，復青苗、免役諸法。計激帝怒，罷蘇轍官。徽宗立，為門下侍郎。尋為曾布所陷，出知大名府，卒。

155

又曰：漢儒之治經，終其身而無所倦，能名其師說者，上或召用之，高下其材，為博士郎、大夫部、刺史至九卿、丞相、御史者，接跡而有，已不以經為進，至聽上之自擇，故其人識趨向，重名節。今之學者，徒焉玩章句而已。取人之格定之一日之間，有未能通經而適合於程度者，有治經知道而偶紕於倉卒之對者，取之多失實，故學者愈不篤，苟借經術以射祿利，得則撥棄，不復置力，如賤丈夫，今日獲而明日捨其耒耜，故其徒華而不根，未至於道而止，不知致君行己之大操，而天下之治因是而日衰。蓋古之學者，樂之者也；今之學者，利之者也。樂之與利，於道之淺深，豈可同概而論哉？

【探源】宋李邦直《論略》云：漢儒之治經，終其身而無所倦，能名其師說者，上或召用之，高下其材，為將士郎大夫部刺史至九卿丞相御史者，接跡而有，已不以經為進，而聽上之自揮，故其人識趨向，矜重名節。今學者徒焉玩章句而已，何其偷淺而不能如古也。今之取人，格之以一日之間，有未能通經而適合於程度者，有治經知道而偶拙於倉猝之對者，取之多失實，故學者愈不篤，苟借經術以卜射祿利，得則撥棄，不復置力於其間。如淺丈夫，今日獲而明日捨其耒耜，故其徒華而不根，未至於道而止，不知致君行己之大操，而天下之治因是而日衰。嘗以謂，古之學者，樂之者也；今之學者，利之者也。樂之與利之，於道之淺深，豈可同概而論哉？（載《宋文選》卷十八）

【今按】「今之學者徒焉玩章句而已」，替換一字即為「今之學者徒焉玩文章而已」，此正為今之所謂學者而發也！今之文章乃 SCI 文章也。既為洋人慷慨解囊，又為土龜設置障礙，可謂外戰外行、內戰內行矣。今之學者為人，白銀大量外流，府帑為之一空，在所不惜也。

156

劉安世曰：《易》：「直其正也，方其義也。君子敬以直內，義以方外。」當為「正以直內」。

【探源】宋馬永卿《元城語錄》卷下：「直其正也，方其義也。君子敬以直內，義以
　　　方外。」當為「正以直內」。

【今按】劉安世（1048～1125），字器之，號元城、讀易老人。大名府人。熙寧六年
　　　（1073）中進士，不就選，從學於司馬光。累官左諫議大夫，進樞密都承旨。
　　　以直諫聞名，被時人稱之為「殿上虎」。章惇掌權時，貶至英州、梅州安置。
　　　宋徽宗時獲赦，歷知衡、鼎、鄆州及鎮定府。蔡京為相後，連謫至峽州羈管。
　　　卒賜諡忠定。著有《盡言集》。

157

又曰：能說諸心，能研諸侯之慮，當為能研諸慮。如此類者，五經中極
多。五經其來已遠，前輩恐倡後生穿鑿之端，故不著論。若或為之倡，則後生
競生新意，以相誇尚，六經無全書矣。

【探源】宋馬永卿《元城語錄》卷下：能說諸心，能研諸侯之慮，當為能研諸慮。如
　　　此類者，五經中極多。僕曰：「前輩多不言之，何也？」先生曰：「此事極繫
　　　利害，五經其來已遠，前輩恐倡後生穿鑿之端，故不敢著論，但欲知之爾。
　　　若或為之倡，則後生競生新意，以相誇尚，六經無全書矣。其害萬萬，多於
　　　無立論之時。此前輩所以慎重，姑置之不言可也。韓魏公與歐陽文忠公同政
　　　府甚久，終日相聚，無事不言，但不曾與文忠公論《繫辭》。僕曰：「何也？」
　　　先生曰：「文忠公論《繫辭》，在集中，吾友所見也，其中有失。若與之同，
　　　則又是一文忠公；若論議不同，或至爭忿，故魏公存之不論。」

158

方愨曰：經者，緯之對。經有一定之體，故為常。緯則錯綜往來，故為
變。聖人之言，道之常也。諸子百家之言，道之變也。故聖人之言特謂之經
焉。《詩》言其志，《書》言其事，《樂》言其情，《易》言其道，《禮》言其體，
《春秋》言其法。六經之教，先王之所以載道也。

【探源】宋衛湜《禮記集說》卷一一七引嚴陵方氏曰：「經者，緯之對。經有一定之
　　　體，故為常。緯則錯綜往來，故為變。聖人之言，道之常也。諸子百家之言，
　　　道之變也。故聖人之言特謂之經焉。」又引嚴陵方氏曰：「《詩》言其志，《書》
　　　言其事，《樂》言其情，《易》言其道，《禮》言其體，《春秋》言其法。《莊
　　　子》曰：『《詩》以道志，《書》以道事，《禮》以道行，《樂》以道和，《易》
　　　以道陰陽，《春秋》以道名分。』其義正與此合。六經之教，先王之所以載

道也。其教豈有失哉？然或不免於失者，由其有淺深之異爾。若夫得之深，
則不至有失矣。」〔註10〕

【今按】方愨，字性夫，祖籍蘆茨白雲源，自幼隨父遷居於縣治西灣（今桐君街道柯
家灣）。晚唐著名詩人方干的後裔。其父為慶曆二年（1042）進士，樂道不仕，
居家專心教愨研讀六經。愨性至孝，父死，廬於墓，飲食寢處皆如禮。重和元
年（1118）進士及第，仕至禮部侍郎。居官以剛廉著稱。著有《禮記集解》。

【又按】此為方愨「六經載道論」，即《詩》言其志，《書》言其事，《樂》言其情，
《易》言其道，《禮》言其體，《春秋》言其法。此論與莊子說法稍有不同。

159

馬睎孟曰：天生蒸民，莫不有其善性。循而達之者，教也。所以為教者，
六經而已。

【探源】宋衛湜《禮記集說》卷一一七引馬氏曰：先王一道德，以同天下之俗，而國
不異教者，省方觀民，而不易其宜故也。是故入其國，其教可知也。其教可
知者，知其所以為教之不同也。蓋天生烝民，莫不有善性。循而達之者，教
也。所以為教者，六經而已。六經者，道德性命之理藏於其中，而其體不同。
辭者，事之華，事者，辭之實。故屬辭比事，則《春秋》之體，蔽於溫柔敦
厚，而不知通之以權，所以為愚；蔽於疏通知遠，而不知疑而闕之，所以為
誣；蔽於廣博易良，而不知禮以節之，所以為奢；蔽於絜靜精微，而不知有
以顯之，則失之賊也；蔽於恭儉莊敬，而不知有以神之，則失之煩也；蔽於
屬辭比事，而不知有以謹之，階其僭上之患，則失之亂也。雖然，六經之道
無所失也，而其所以失者，由上之教有以失之而已。

【今按】馬睎孟，揚州人。著有《禮記解》七十卷。

160

程子曰：聖人六經皆不得已而作。

【探源】宋朱熹編《二程遺書》卷十八：聖人六經皆不得已而作。如耒耜陶冶一不制，
則生人之用熄。後世之言，無之不為缺，有之徒為贅，雖多何益也。聖人言
雖約，無有包含不盡處。

【今按】「六經皆不得已而作」，此論頗類孟子說法。

〔註10〕 《禮記集說・集說名氏》：「嚴陵方氏愨，字性夫，《解義》二十卷。」

161

又曰：聖人之道傳諸經，學者必以經為本。

【探源】《二程文集》卷九載程頤《伊川文集・為太中作試漢州學生策問》。

【今按】此為「經本論」。以經為本，探求聖人之道。

【又按】明丘濬編輯《朱子學的》：「問：『為學只看六經、《語》《孟》，其他史書、雜說皆不必看，如何？』朱子曰：『如此即不見古今成敗。讀書先以經為本，而後讀史。』」可與此合參。

162

又曰：治經，實學也。

【探源】宋朱熹編《二程遺書》卷一：正叔先生曰：<u>治經，實學也</u>。譬諸草木，區以別矣。道之在經，大小遠近，高下精粗，森列於其中。譬諸日月在上，有人不見者，一人指之，不如眾人指之自見也。如《中庸》一卷書，自至理便推之於事，如國家有九經，及歷代聖人之跡，莫非實學也。如登九層之臺，自下而上者為是。人患居常講習空言無實者，蓋不自得也。為學治經最好。苟不自得，則盡治五經亦是空言。今有人心得識達，所得多矣。有雖好讀書卻患在空虛者，未免此弊。

163

又曰：古之學者皆有傳授。如聖人作經，本欲明道。今人若不先明義理，不可治經。蓋不得傳授之意云爾。

【探源】宋朱熹編《二程遺書》卷二上：<u>古之學者皆有傳授。如聖人作經，本欲明道。今人若不先明義理，不可治經。蓋不得傳授之意云爾</u>。如《繫辭》本欲明《易》，若不先求卦義，則看《繫辭》不得。

【今按】「不先明義理，不可治經」，此與「由字以通其詞，由詞以通其道」路數不同。

164

又曰：經，所以載道也；器，所以適用也。學經而不知道，治器而不適用，奚益哉！

【探源】宋朱熹編《二程遺書》卷六。一本云：「經者，載道之器，須明其用，如誦《詩》，須達於從政，能專對也。」

【今按】此為經學之道器觀、體用觀。

165

又曰：看書各有門庭，《詩》《易》《春秋》不可逐句看，《尚書》《論語》可以逐句看。

【探源】宋朱熹編《二程外書》卷六。

【今按】此為讀經之方法論。可以逐句看者宜集注，不可逐句看者不宜集注。

166

張子曰：聖人文章無定體，《詩》《書》《易》《禮》《春秋》只隨義理如此而言。

【探源】《張子全書》卷四：<u>聖人文章無定體，《詩》《書》《易》《禮》《春秋》只隨義理如此而言</u>。李翱有言：「觀《詩》則不知有《書》，觀《書》則不知有《詩》。」亦近之。順帝之則，此不失赤子之心也。冥然無所思慮，順天而已。赤子之心，人皆不可知也，惟以一靜言之。

167

又曰：學者信《書》，且須信《論語》《孟子》。《詩》《書》無舛雜。《禮》雖雜出諸儒，亦無害義，如《中庸》《大學》出於聖門，均無可疑者。

【探源】《張載集·經學理窟·義理》：<u>學者信《書》，且須信《論語》《孟子》。《詩》《書》無舛雜。（理）〔《禮》〕雖雜出諸儒，亦若無害義處，如《中庸》《大學》出於聖門，無可疑者</u>。《禮記》則是諸儒雜記，至如禮文不可不信，己之言禮未必勝如諸儒。如有前後所出不同且闕之，《記》有疑議亦且闕之，就有道而正焉。〔註11〕

168

司馬光曰：取士之道，當以經術為先，辭采為後。立《周易》《尚書》《詩》《周禮》《儀禮》《禮記》《春秋》《孝經》《論語》為九經，今天下學官依注疏講說，學士博觀諸家，自擇短長，各存所見。《春秋》止用《左氏傳》，其公羊、穀梁、陸淳等說並為諸家。

【探源】司馬光《傳家集》卷五四《起請科場劄子》：<u>凡取士之道，當以德行為先，文學為後。就文學之中，又當以經術為先，辭采為後。是故《周禮》大司徒</u>

〔註11〕張載：《張載集》，中華書局1978年版，第277頁。

以六德六行賓興萬民。漢以賢良方正孝廉質樸敦厚取士。中興以後，取士尤為精慎。至於公府掾屬、州從事、郡國計吏、丞史縣功曹鄉嗇夫皆擇賢者，為之苟非其人，則為世所譏貶，是以人人思自砥礪，教化興行，風俗純厚，乃至後世陵夷，雖政刑紊於上，而節義立於下，有以奸回巧偽致富貴者，不為清議所容，此乃德化之本原，王者所先務，不可忽也……今國家大議科場之法，欲盡美，以臣所見，莫若依先朝成法，合明經、進士為一科，<u>立《周易》《尚書》《詩》《周禮》《儀禮》《禮記》《春秋》《孝經》《論語》為九經，令天下學官依注疏講說，學士博觀諸家，自擇短長，各從所好。《春秋》止用左氏傳，其公羊、穀梁、陸淳等說並為諸家</u>。《孟子》止為諸子，更不試大義。應舉者聽自占習三經以上，多少隨意，皆須習《孝經》《論語》。

169

又曰：近歲公卿大夫務為高奇之說，流及新進後生口傳耳剽，讀《易》未識卦爻，已謂《十翼》非孔子之言；讀《禮》未知篇數，已謂《周官》為戰國之書；讀《詩》未盡周南、召南，已謂毛、鄭為章句之學；讀《春秋》未知十二公，已謂三傳可束之高閣。循守注疏者謂之腐儒，穿鑿臆說者謂之精義。且性者，子貢之所不及，命者，孔子之所罕言。今人發口秉筆，先論性命，乃至流蕩忘返，入於老、莊，以此欺惑考官，獵取名利，非國家教人之正術也。

【探源】宋司馬光《傳家集》卷四二《論風俗劄子》：臣聞，國之致治在於審官，官之得人在於選士，士之向道在於立教，教之歸正在於擇術。是知選士者，治亂之樞機，風俗之根原也。<u>竊見近歲公卿大夫好為高奇之論，喜誦老、莊之言，流及科場，亦相習尚。新進後生，未知臧否，口傳耳剽，翕然成風。至有讀《易》未識卦爻，已謂《十翼》非孔子之言；讀《禮》未知篇數，已謂《周官》為戰國之書；讀《詩》未盡周南、召南，已謂毛、鄭為章句之學；讀《春秋》未知十二公，已謂三傳可束之高閣。循守注疏者謂之腐儒，穿鑿臆說者謂之精義。且性者，子貢之所不及，命者，孔子之所罕言。今之舉人，發口秉筆，先論性命，乃至流蕩忘返，遂入老、莊，縱虛無之談，騁荒唐之辭，以此欺惑考官，獵取名第</u>。祿利所在，眾心所趨，如水赴壑，不可禁遏。彼老、莊棄仁義而絕禮學，非堯、舜而薄周、孔，死生不以為憂，存亡不以為患，乃匹夫獨行之私言，<u>非國家教人之正術也</u>。

【今按】朱彝尊於原文有所刪改。

【今按】司馬光是信古派，對歐陽修之疑古派、王安石之新學均有微詞，如「好為高
　　　　奇之論，喜誦老、莊之言，流及科場」、「穿鑿臆說」，皆是有的放矢。

170

又曰：誦諸經，讀注疏，以求聖人之道，宜取其合人情物理目前可用者
而從之。

【探源】宋司馬光《傳家集》卷六三《答懷州許奉世秀才書》：光性愚魯，自幼誦諸經，
　　　　讀注疏，以求聖人之道，直取其合人情物理目前可用者而從之。前賢高奇之
　　　　論，皆如面牆，亦不知其有內外，中間為古為今也。比老，止成一樸儒而已。

【今按】「宜取」，當依原作改為「直取」。《文獻通考》卷一百八十八《經籍考十五》
　　　　亦作「直取」。

【又按】司馬光主張節取其合人情物理目前可用者，頗有活學活用的味道。

171

又曰：經猶的也，一人射之，不若眾人射之，其中者多也。

【探源】宋司馬光《古文孝經指解序》：是敢輒以隸寫古文為之指解，其今文舊注有
　　　　未盡者，引而伸之，其不合者，易而去之，亦未知此之為是而彼之為非。然
　　　　經猶的也，一人射之，不若眾人射之，其為取中多矣。臣不敢避狂僭之罪，
　　　　而庶幾於先王之道萬一有所補焉。

172

邵子曰：昊天之盡物，聖人之盡民，皆有四府焉。昊天之四府者，春、
夏、秋、冬之謂也，陰陽升降於其間矣。聖人之四府者，《易》《詩》《書》《春
秋》之謂也，《禮》《樂》污隆於其間矣。昊天以時授人，聖人以經法天。

【探源】宋邵雍《皇極經世書》卷十一《觀物篇五十三》：夫昊天之盡物，聖人之盡
　　　　民，皆有四府焉。昊天之四府者，春、夏、秋、冬之謂也，陰陽升降於其間
　　　　矣。聖人之四府者，《易》《書》《詩》《春秋》之謂也，《禮》《樂》污隆於其
　　　　間矣。春為生物之府，夏為長物之府，秋為收物之府，冬為藏物之府。號物
　　　　之庶謂之萬，雖曰萬之又萬，其庶能出此昊天之四府者乎？《易》為生民之
　　　　府，《書》為長民之府，《詩》為收民之府，《春秋》為藏民之府。號民之庶
　　　　謂之萬，雖曰萬之又萬，其庶能出此聖人之四府者乎？昊天之四府者，時也。
　　　　聖人之四府者，經也。昊天以時授人，聖人以經法天。天人之事當如何哉？

173

又曰：皇、帝、王、伯者，《易》之體也。虞、夏、商、周者，《書》之體也。文、武、周、召者，《詩》之體也。秦、晉、齊、楚者，《春秋》之體也。意、言、象、數者，《易》之用也。仁、義、禮、智者，《書》之用也。性情形體者，《詩》之用也。聖賢才術者，《春秋》之用也。

【探源】宋邵雍《皇極經世書》卷十一《觀物篇五十四》：<u>皇、帝、王、伯者，《易》之體也。虞、夏、商、周者，《書》之體也。文、武、周、召者，《詩》之體也。秦、晉、齊、楚者，《春秋》之體也。意、言、象、數者，《易》之用也。仁、義、禮、智者，《書》之用也。性情形體者，《詩》之用也。聖賢才術者，《春秋》之用也。</u>用也者，心也；體也者，跡也。心跡之間，有權存焉者，聖人之事也。

174

又曰：孔子贊《易》，自羲、軒而下；序《書》，自堯、舜而下；刪《詩》，自文、武而下；修《春秋》，自桓、文而下。自羲、軒而下，祖三皇也；自堯、舜而下，宗五帝也；自文、武而下，子三王也；自桓、文而下，孫五霸也。

【探源】宋邵雍《皇極經世書》卷十一《觀物篇五十六》：<u>孔子贊《易》，自羲、軒而下；序《書》，自堯、舜而下；刪《詩》，自文、武而下；修《春秋》，自桓、文而下。自羲、軒而下，祖三皇也；自堯、舜而下，宗五帝也；自文、武而下，子三王也；自桓、文而下，孫五伯也。</u>祖三皇，尚賢也，宗五帝，亦尚賢也，三皇尚賢以道，五帝尚賢以德。子三王，尚親也，孫五伯，亦尚親也。三王尚親以功，五伯尚親以力。嗚呼！時之既往，億萬千年時之未來，亦億萬千年仲尼中間生而為人，何祖宗之寡而子孫之多耶？此所以重贊堯、舜，至禹則曰：「禹吾無間然矣。」仲尼後禹千五百餘年，今之後仲尼又千五百餘年，雖不敢比夫仲尼上贊堯、舜、禹，豈不敢比孟子上贊仲尼乎？人謂仲尼惜乎無土，吾獨以為不然。匹夫以百畝為土，大夫以百里為土，諸侯以四境為土，天子以四海為土，仲尼以萬世為土。若然，則孟子言「自生民以來未有如夫子」，斯亦未為之過矣。

【今按】「仲尼以萬世為土」，以時間換空間，此素王之別解也。

175

又曰：仲尼修經，周平王之時，《書》終於晉文侯；《詩》列於王國風，《春秋》始於魯隱公，《易》盡於《未濟》卦。

【探源】宋邵雍《皇極經世書》卷十一《觀物篇五十六》：<u>仲尼修經，周平王之時，《書》終於晉文侯，《詩》列為王國風，《春秋》始於魯隱公，《易》盡於《未濟》卦</u>。予非知仲尼者，學為仲尼者也。禮樂賞罰自天子出，而出自諸侯，天子之重去矣。宗周之功德自文、武出，而出自幽、厲，文、武之基息矣。由是犬戎得以侮中國，周之諸侯非一，獨晉能攘去戎狄，徙王東都，洛邑用存，王國為天下伯者之倡，秬鬯圭瓚之所錫，其能免乎？

176

又曰：聖人六經，渾然無跡，如天道焉。

【探源】宋邵雍《皇極經世書》卷十三《觀物外篇上》：<u>夫聖人（六）〔之〕經，渾然無跡，如天道焉</u>。《春秋》錄實事，而善惡形於其中矣。

【今按】明王樵《春秋宗防》引作：「夫聖人之經，渾然無跡，如天道焉。《春秋》錄實事，而善惡形於其中矣。」明卓爾康《春秋辯義》、王植《皇極經世書解》卷十三引文均同。

177

又曰：學以人事為大。今之經典，古之人事也。

【探源】宋邵雍《皇極經世書》卷十四《觀物外篇下》：天時、地理、人事，三者知之不易。<u>學以人事為大。今之經典，古之人事也</u>。學不際天人，不足以謂之學。學不至於樂，不可謂之學。記問之學未足以為事業。凡人為學，失於自主張太過。學在不止，故王通云：「沒身而已。」

【今按】邵雍重視天人之學，輕視記問之學。「今之經典，古之人事」，故通經致用。

178

又曰：《易》始於三皇，《書》始於二帝，《詩》始於三王，《春秋》始於五霸。

【探源】宋邵雍《皇極經世書》卷十三《觀物外篇上》：<u>《易》始於三皇，《書》始於二帝，《詩》始於三王，《春秋》始於五霸</u>。所謂皇、帝、王、霸者，非獨謂

三皇、五帝、三王、五霸而已，但用無為則皇也，用恩信則帝也，用公正則王也，用智力則霸也。

179

蘇軾曰：孔子聖人，其學必始於觀書。當是時，惟周之柱下史聃為多書。韓宣子適魯，然後見《易象》與《魯春秋》。季札聘於上國，然後得聞《詩》之風雅頌。而楚獨有左史倚相能讀《三墳》《五典》《八索》《九丘》。士之生於是時，得見六經者蓋無幾，其學可謂難矣。而皆習於《禮》《樂》，源於道德，非後世君子所及。自秦、漢以來，作者益眾，紙與字畫日趨於簡便，而書益多，世莫不有，學者益以苟簡，何哉？

【探源】宋蘇軾《東坡全集》卷三六《李氏山房藏書記》：象犀、珠玉，怪珍之物，有悅於人之耳目，而不適於用。金石草木，絲麻五穀，六材有適於用，而用之則弊，取之則竭，悅於人之耳目，而適於用，用之而不弊，取之而不竭，賢不肖之所得，各因其才，仁智之所見，各隨其分，才分不同，而求無不獲者，惟書乎？<u>自孔子聖人，其學必始於觀書。當是時，惟周之柱下史聃為多書。韓宣子適魯，然後見《易象》與《魯春秋》。季札聘於上國，然後得聞《詩》之風雅頌。而楚獨有左史倚相能讀《三墳》《五典》《八索》《九丘》。士之生於是時，得見六經者蓋無幾，其學可謂難矣。而皆習於禮樂，源於道德，非後世君子所及。自秦漢以來，作者益眾，紙與字畫日趨於簡便，而書益多，世莫不有，學者益以苟簡，何哉？</u>余猶及見老儒先生，自言其少時欲求《史記》《漢書》而不可得，幸而得之，皆手自書，日夜誦讀，惟恐不及。近歲市人轉相摹刻諸子百家之書，日傳萬紙，學者之於書，多且易致如此，其文詞學術當倍蓰於昔人，而後生科舉之士皆束書不觀，遊談無根，此又何也？余友李公擇少時讀書於廬山五老峰下白石庵之僧舍，公擇既去，而山中之人思之，指其所居為李氏山房，藏書凡九千餘卷。公擇既已涉其流，探其源，採剝其華實，而咀嚼其膏味，以為己有，發於文詞，見於行事，以聞名於當世矣。而書固自如也，未嘗少損，將以遺來者，供其無窮之求，而各足其才分之所當得，是以不藏於家，而藏於其所故居之僧舍，此仁者之心也。余既衰且病，無所用於世，惟得數年之間，盡讀其所未見之書，而廬山固所願遊而不得者，蓋將老焉，盡發公擇之藏，拾其餘棄以自補，庶有益乎？而公擇求余文以為記，乃為一言，使來者知昔之君子見書之難，而今之學者有書而不讀為可惜也。

180

蘇轍曰：六經之道，惟其近於人情，是以久傳而不廢。而世之迂學乃皆曲為之說，雖其義之不至於此者，必強牽合以為如此，故其論委曲而莫通也。

【探源】宋蘇轍《欒城應詔集》卷四《詩論》：自仲尼之亡，六經之道遂散而不可解。蓋其患在於責其義之太深，而求其法之太切。夫六經之道，惟其近於人情，是以久傳而不廢。而世之迂學乃皆曲為之說，雖其義之不至於此者，必強牽合以為如此，故其論委曲而莫通也。夫聖人之為經，惟其於《禮》《春秋》然後無一言之虛，而莫不可考，然猶未嘗不近於人情。

【今按】宋蘇軾《東坡全集》卷四一《詩論》亦云：「自仲尼之亡，六經之道遂散而不可解，蓋其患在於責其義之太深，而求其法之太切。夫六經之道，惟其近於人情，是以久傳而不廢。而世之迂學乃皆曲為之說，雖其義之不至於此者，必強牽合以為如此，故其論委曲而莫通也。夫聖人之為經，惟其《禮》與《春秋》合，然後無一言之虛，而莫不可考，然猶未嘗不近於人情。」《東坡全集》內竄入蘇轍文章不少，此其一也。

181

鄒浩曰：聖人之道，備在六經。千門萬戶，何從而入？大略在《中庸》一篇，其要在謹獨而已。

【探源】宋朱熹編次《宋名臣言行錄後集》卷一三引《胡氏傳家錄》：「志完云：聖人之道，備於六經。六經千門萬戶，何從而入？大要在《中庸》一篇，其要在慎獨而已。俱於十二時中看自家一念從何處起，即點檢不放過，便見功力。」

【今按】鄒浩（1060～1111），字志完，遇赦歸里後於周線巷住處闢一園名「道鄉」，故自號道鄉居士，常州晉陵（今江蘇常州）人。《宋名臣言行錄後集》卷一三引《胡氏傳家錄》：「鄒浩，吏部侍郎，字志完，常州晉陵人。中進士第，歷揚州穎昌府教授，元祐七年除太學博士，出為襄州教授。大觀四年復直龍圖閣。政和元年卒，年五十二。」

【又按】元胡炳文《純正蒙求·正心術》「志完檢點，無垢操守」條載：宋鄒志完云：「聖人之道備於六經，六經千門萬戶何從而入？《大學》與《中庸》一部，其要在『慎獨』而已。於十二時中看自家一念從何處起，即檢點不放過，便見工夫。」宋張無垢云：「操守欲正，器局欲大，識見欲遠，三者有一，便可立身。」

182

張耒曰：六經之文，莫奇於《易》，莫簡於《春秋》。

【探源】宋張耒《柯山集》卷四六《答李推官書》：學文之端，急於明理。夫不知為文者，無所復道。如知文而不務理，求文之工，世未嘗有是也。夫決水於江河淮海也，水順道而行，滔滔汩汩，日夜不止，沖砥柱，絕呂梁，放於江湖，而納之海，其舒為淪漣，鼓為波濤，激之為風飆，怒之為雷霆，蛟龍魚鼈，噴薄出沒，是水之奇變也，而水初豈如此哉？是順道而決之，因其所適而變生焉，溝瀆東決而西竭，下滿而上虛，日夜激之，欲見其奇，彼其所至者，蛙蛭之玩耳。江河淮海之水，理達之文也，不求奇而奇至矣。激溝瀆而求水之奇，此無見於理，而欲以言語句讀為奇之文也。<u>六經之文，莫奇於《易》，莫簡於《春秋》</u>。夫豈以奇與簡為務哉？勢自然耳。傳曰：「吉人之詞寡。」彼豈惡繁而好寡哉？雖欲為繁不可得也。自唐以來，至今文人好奇者不一，甚者或為缺句斷章，使脈理不屬。又取古書訓詁希於見聞者，捃摭而牽合之，或得其字，不得其句，或得其句，不得其章，反覆咀嚼，卒亦無有，此最文之陋也。

【今按】張耒（1054～1114），字文潛，號柯山，亳州譙縣（今安徽亳州市）人。人稱宛丘先生、張右史。熙寧間進士，歷任臨淮主簿、著作郎、史館檢討。哲宗紹聖初年，以直龍閣學士知潤州。宋徽宗初，召為太常少卿。著有《柯山集》《宛邱集》《柯山詩餘》。

183

李廌曰：天地之情，陰陽之理，吉凶之變，失得之故，備在乎《易》。一國之事，繫諸侯之本。天下之事，形四方之風。美盛德，告成功，皆在於《詩》；尊王正法，謹始善終，詳天地之災祥，著君臣之美惡，無尚於《春秋》；堯、舜、禹、湯、文、武、成、康之世，典、謨、訓、誥、誓、命之文，百王之心跡，治亂之大略，無尚於《書》；〔陛下〕欲以正六職以治六官，必也學夫《周禮》；〔陛下〕欲正其威儀，詳於辭令，必也學夫《儀禮》。

【探源】宋李廌《濟南集》卷六《聖學論》：古之聖賢不可得而見矣，其言具在方冊，要之，皆王者事爾。人臣學之，期以致君。人君學之，自致其治。故<u>天地之情，陰陽之理，吉凶之變，失得之故，備在乎《易》</u>。而卦者，時也，一治一亂，或美或惡，初不可齊，亂可使治，惡可使美，察理之變，為理之主，

惟君乃能之。臣願陛下學《易》則體「乾」御「坤」，進陽退陰，觀道設教，運神合德，使天下之時常為「泰」而無至於「否」，常為「晉」而無至於「剝」，天子之學《易》固當如此。一國之事，繫諸侯之本，天下之事，形四方之風。美盛德，告成功者，皆在於《詩》。四詩之名，各辨其實，不敢誣也。臣願陛下學《詩》則為政之大而無入於「小雅」，為政以正而無淪於「變雅」，無若東周降於「國風」，必使功德終美於「頌」。天子之學《詩》固當如此。夫尊王正法，謹始善終，詳天地之災祥，著君臣之美惡者，無尚於《春秋》。臣願陛下學《春秋》則師治而戒亂，賞善而罰罪，常為知孔子者，無為罪孔子者。夫堯、舜、禹、湯、文、武、成、康之世，其典、謨、訓、誥、誓、命之文，百王之心跡，治亂之大略者，無尚於《書》。臣願陛下學《書》則考稽古之得失，操制今之法令，皇步帝驟，王馳霸騖，一皆得之。陛下欲以正六職，以治六官，必也學夫《周禮》，然後百工允釐，庶績咸熙，巍巍乎其有成功矣！陛下欲以正其威儀，詳其辭令，必也學夫《儀禮》。然後五禮之合制見於典章文物之間，六儀之中節見於動容周旋之際，煥乎其有文章矣。陛下又當發揮孔、孟之正道，鋤薙百家之邪說，在亹亹而已。《乾》之象曰：「天行健，君子以自強不息。」《詩》曰：「勉勉我王，綱紀四方。」惟陛下不倦以終之，則日進無疆，聖益聖矣，天下幸甚！伏惟陛下有聖人之材，而居聖人之位，能進聖人之學，以充聖人之道，則功利天地，澤及萬世，可侔德商，宗周成矣。雖然，陛下有好學之誠，而無進學之說，陛下有望道之意，而無明道之人，則或博而寡要，勞而無功，故陪卿之列，賓師之選，不可不慎。臣願不可與迂儒共學。迂儒好為太高不經之論，將使陛下畏道之難行，或自畫矣。不可與佞儒共學。佞儒好為苟合，過情之譽，將使陛下志滿假而輕道術，或自聖矣。願陛下妙選忠義正直、博學守道之士，以備顧問，則用力少而見功多，適道正而為利溥。

【今按】李廌《聖學論》本為上皇帝書，而朱彝尊刪去「陛下」字樣，致使對象不明。

【又按】李廌（1059～1109），字方叔，號德隅齋，又號齊南先生、太華逸民。華州（今陝西華縣）人。6歲而孤，能發奮自學。少以文為蘇軾所知，譽之為有「萬人敵」之才。由此成為「蘇門六君子」之一。中年應舉落第，絕意仕進，定居長社（今河南長葛縣），直至去世。蘇軾去世後，李廌感其知遇之恩，而悲愴痛哭，作祭文曰：「皇天后土，鑒一生忠義之心；名山大川，還萬古英靈之氣。」著有《濟南集》。

184

晁說之曰：五采具而作繪，五藏完而成人。學者於五經可舍一哉？

【探源】宋晁說之《景迂生集》卷十三《儒言‧一經之士》：<u>五彩具而作繪，五藏完而成人。學者於五經可舍一哉</u>？何獨並用五材也耶？昔人斥談經者為鄙野之士，良以此歟？漢武帝命司馬相如等造為詩賦，多《爾雅》之文。通一經之士不能獨知其辭，必會五經家相與共講習讀之，乃能通其意。今日一經之士又如何哉？蓋為師者專一經以授弟子，為弟子者各學群經於其師，古之道也。故曰：「古之學者耕且養，三年而通一藝，三十而五經立。」

【今按】晁說之（1059～1129），字以道、伯以，因慕司馬光之為人，自號景迂生，濟州巨野（今山東巨野）人。著有《景迂生集》等。守司馬光疑孟之說，不喜《孟子》，奏請去《孟子》於講筵。認為「六藝之志在《春秋》」，而紛然雜於釋、老、申、韓不知其弊，是因不學《春秋》之過。其說經不苟同於先儒，以為博學而不闕疑，是誣先哲而欺騙後生。攻擊王安石新學，指責害教，又言王安石不應配享神宗，也不該配享孔子。

185

又曰：典籍之存，詁訓之傳，皆漢儒之力。漢儒於學者何負？而例貶之與？

【探源】宋晁說之《景迂生集》卷十三《儒言‧漢儒》：<u>典籍之存，詁訓之傳，皆漢儒之力，漢儒於學者何負？而例貶之歟</u>？後生殆不知漢儒姓名，有書幾種，而惡斥如讎，漢儒真不幸哉！昔人歎廢興由於好惡，盛衰繫之辯訥，良有以也。

【今按】宋儒攻漢儒，清儒攻宋明儒，一部學術史也是一部相斫書。

186

又曰：學者當以《論語》《孟子》為本。《論語》《孟子》既治，則六經可不治而明矣。

【探源】此語確載於晁說之《晁氏客語》，《經義考》注明「晁說之曰」，當是據此書轉引。（此條參考陳開林《〈經義考‧通說〉引文續考》）按朱熹編《二程遺書》、朱熹《論孟精義綱要》、胡居仁《居業錄》，知此語乃程頤之語錄，詳下。

【今按】宋朱熹編《二程遺書》卷二五：「學者當以《論語》《孟子》為本，《論語》
《孟子》既治，則六經可不治而明矣。讀書者當觀聖人所以作經之意，與聖
人所以用心，與聖人所以至聖人，而吾之所以未至者，所以未得者，句句而
求之，晝誦而味之，中夜而思之，平其心，易其氣，闕其疑，則聖人之意見
矣。」朱熹《論孟精義綱領》亦引伊川先生曰：「學者當以《論語》《孟子》
為本，《論語》《孟子》既治，則六經可不治而明矣。」

【又按】明胡居仁《居業錄》卷八：「四書六經之理，意皆相貫通。先聖後聖，其揆
一也。今讀其書，不實究其理，徒誦其文義，則四書六經文字各是一般體面，
千頭萬緒，雖皓首亦無如之何矣。惟察其理而實體之於身，則體用一貫，又
何難哉？程子所謂『《論》《孟》既治，六經可不治而明』，誠哉言也。」

<h2 style="text-align:center">187</h2>

又曰：聖人之意具載於經，天地萬物之理管於是矣。後世復有聖人，尚
不能加毫髮為輕重，況他人乎？譬如日月光明，莫知其終始，寧辨其新？故
彼一己之所謂新也，乃六經之所故有也，尚何矜哉！

【探源】宋晁說之《景迂生集》卷十三《儒言·新》：聖人之意具載於經，而天地萬
物之理管於是矣。後世復有聖人，尚不能加毫髮為輕重，況他人乎？譬如日
月光明，莫知其終始，寧辨其新？故彼一己之所謂新者，乃六經之所故有也，
尚何矜哉！是以昔之人皇皇然惟恐其不得於故焉。卜子夏首作《喪服傳》，
說者曰：「傳者，傳也，傳其師說云爾。」唐陸淳于《春秋》每一義必稱「淳
聞於師曰」。《詩》則有《魯故》，有《韓故》，有《齊后氏故》《齊孫氏故》
《毛詩故訓傳》，《書》則有大、小夏侯解故，前人惟故之尚如此。

<h2 style="text-align:center">188</h2>

李潛曰：吾徒學聖人，當用意看《易》《詩》《書》《春秋》《論語》《孟子》
《孝經》而已，中心既有所主，則散看諸書，方圓輕重之來，必為規矩、權衡
所正矣。

【探源】宋呂本中《童蒙訓》卷下：李君行先生說：武王數紂之罪曰：「郊社不修，
宗廟不享。」歷觀諸書，皆以郊對社，蓋郊者所以祭天，社者所以祭地也。
南郊、北郊、五帝之類，皆出於《周禮》，聖人書中不見也。嚴父配天之禮，
蓋始自周公，若自古有之，則孔子何得言則周公其人也。列爵惟五，分土惟

三，蓋至周始定，若夏商以前俱如此，則書為妄也。因言：「吾徒學聖人者，當自用意看《易》《詩》《書》《春秋》《論語》《孟子》《孝經》而已，中心既有所主，則散看諸書，方圓輕重之來，必為規矩、權衡所正也。」又言：「史書尚可，最是莊、老讀時大段害道。」

【今按】李潛，字君行，江西興國人。宋治平四年（1067）進士，官開封府尹，拜司空、中書令。生性耿介，愛民如子。知新干時，正在推行鹽法，民間破產者十之六、七，他下令「聽民便」，公然抗拒執行朝廷推行的擾民之法。卒諡文簡。

【又按】李潛此論可謂「經書中心論」，主張以儒家經典衡量群言。

189

田腴曰：李君行說：「聖人之言易曉，看傳解則愈惑矣，讀書須是不要看別人傳解。」此不然，須是先看古人解說，但不當有所執，擇其善者從之。若都不看，不知用多少工夫，方可到先儒見處也。

【探源】宋呂本中《童蒙訓》卷下：李君行、田明之俱說：「讀書須是不要看別人解者，聖人之言易曉，看傳解則愈惑矣。」田誠伯說不然，須是先看古人解說，但不當有所執，擇其善者從之。若都不看，不知用多少工夫，方可到先儒見處也。

【今按】田腴，字誠伯，北宋安丘（今山東安丘）人。張載學生。曾任太學正。不喜佛學，力詆輪迴之學。反對只專經書，不治子、史的觀點，主張「博學詳說，然後反約」

【又按】朱彝尊於原文有所竄改，不足為據。

【又按】此論經傳關係。一種主張不要看別人傳解，另外一種主張要看別人傳解。

190

陳瓘曰：五經之文，久而愈新。

【探源】《宋文選》卷三二陳瑩中《文辨》：君子之文，歸於是而已矣，豈有時不時哉？五經之文，久而愈新。百家之辭，是者長存，講之不精，其理乃昧。論乎其文，則古猶今也。惟魏、晉、隋、唐之間，道德滅裂之後，其理益開，其文益彰。

【今按】陳瓘（1057～1124），字瑩中，號了齋，沙縣人。元豐二年（1079）探花，授官湖州掌書記。歷任禮部貢院檢點官、越州、溫州通判、左司諫等職。《宋

史》稱其諫疏似陸贄，剛方似狄仁傑，明道似韓愈。與陳師錫被稱「二陳」，同斥蔡京、蔡卞、章惇、安惇等。因之坎坷，遭遇尤慘。四十二年間，調任凡二十三次，經八省歷十九州縣。欽宗即位，平反昭雪。著有《了齋集》《了齋易說》《尊堯集》等。

191

又曰：凡欲解經，必先返諸其身而安，措之天下而可行，然後為之說焉。縱未能盡聖人之心，亦庶幾矣。若不如是，雖辭辨通暢，亦未免鑿也。

【探源】宋劉清之《戒子通錄》卷六：陳瑩中說：「立人之朝，能捨生取義始可。然此事須是學問，有功方，始做得從容。」又說：「學者非特習於誦數，發於文章而已，將以學古人之所為也。自荊公之學興，此道壞矣。」又說：「凡欲解經，必先反諸其身，又思措之天下，反諸其身而安，措之天下而可行，然後為之說焉。縱未能盡聖人之心，亦庶幾矣。若不如是，雖辭辨通暢，亦未免乎鑿也。今有語人曰：『冬日飲水，夏日飲湯。』何也？冬日陰在外，陽在內，陽在內則內熱，故令人思水。夏日陽在外，陰在內，陰在內則內寒，故令人思湯。雖甚辨者不能破其說也，然反諸其身而不安也，措之天下而不可行也。嗚呼！學者能如是用心，豈曰小補之哉！」

192

陸佃曰：古之學者，先明《詩》而《書》次之，《書》已明而《禮》《樂》次之，《禮》《樂》已明而《春秋》次之，《春秋》已明而《易》次之。故五變而《春秋》可舉，九變而《易》可言也。

【探源】宋楊彥齡《楊公筆錄》：陸佃農師自江寧府丁太夫人憂歸，越始學《春秋》而得其說。嘗云：「古之學者，先明《詩》而《書》次之，《書》已明而《禮》《樂》次之，《禮》《樂》已明而《春秋》次之，《春秋》已明而《易》次之。故五變而《春秋》可舉，九變而《易》可言也。吾於《易》見玄聖之道，於《春秋》見素王之道。玄聖內也，素王外也，內外進矣，而後可以言此。」又云：「昔之言弈者曰能，勝第二乃見第一。此書也，非棋說也。夫義在第一而智在二三，誠何足與辨？董子通國之善弈也，惜其人與其術不可傳也，死矣。我雖不能傳公之術，誠有專心致意，惟《春秋》之為，聽乎吾將與之苦學也。」

【今按】陸佃（1042～1102），字農師，號陶山，山陰（今浙江紹興）人，陸游祖父。
　　　　封吳郡開國公，贈太師，追封楚國公。著有《陶山集》《埤雅》《禮象》《春
　　　　秋後傳》等。

193

　　周諝曰：《詩》者，人之所以興，故先之；既興矣，則事之所以辨，故《書》
次之；事既辨矣，則和之所以成，故《樂》次之；既成矣，則極乎天道之高
明，故《易》次之；既極矣，則必遵乎人道之中庸，故《禮》次之；而必終於
《春秋》者，以救亂反正為餘事也。

【探源】宋衛湜《禮記集說》卷一一七：延平周氏曰：<u>《詩》者，人之所以興，故先</u>
　　　　<u>之；既興矣，則事之所以辨，故《書》次之；事既辨矣，則和之所以成，故</u>
　　　　<u>《樂》次之；既成矣，則極乎天道之高明，故《易》次之；既極矣，則必遵</u>
　　　　<u>乎人道之中庸，故《禮》次之；而必終於《春秋》者，以救亂反正為餘事也</u>。

【今按】周諝，字希聖，尤溪（今屬福建）人。神宗熙寧六年（1073）進士，知新會
　　　　縣。因不願推行新法，棄官歸田。著有《孟子解義》《禮記說》。門人稱周夫
　　　　子。事見《（嘉靖）尤溪縣志》。

194

　　又曰：六經，先王經世之跡在焉，是亦足用矣。

【探源】《性理大全書》卷五四云：「龜山楊氏因言秦、漢以下事曰：『亦須是一一識
　　　　別得過。欲識別得過，須用著意六經。六經不可容易看了，今人多言要作事
　　　　須看史，史固不可不看，然<u>六經，先王經世之跡在焉，是亦足用矣</u>。必待觀
　　　　史，未有史書以前，人以何為據？蓋孔子不存史而作《春秋》，《春秋》所以
　　　　正史之失得也。今人自是不留意六經，故就史求道理，是以學愈博而道愈遠。
　　　　若經術明，自無工夫及之。』」《御定淵鑒類函》卷一百九十二文學部一亦云：
　　　　「龜山楊氏曰：『<u>六經，先王經世之跡在焉</u>。』」

【今按】龜山楊氏即宋代楊時。

【又按】此條論經史關係、六經與經世之學的關係。理學家重經輕史，但重視經學的
　　　　經世功能。

195

　　又曰：六經之義，驗之於心而然，施之行事而順，然後為得；驗之於心

而不然，施之行事而不順，則非所謂經義。今之治經者為無用之文，徼幸科第而已，果何益哉？

【探源】宋楊時《龜山集》卷一〇：或勸先生解經，曰：「不敢易也。曾子曰：『吾日三省吾身：為人謀而不忠乎？與朋友交而不信乎？傳不習乎？』夫傳而不習，以處己則不信，以待人則不忠，三者胥失也。昔有勸正叔先生出《易傳》示人者，正叔曰：『獨不望學之進乎？姑遲之覺耄即傳矣。』蓋已耄，則學不復進故也。學不復進，若猶不可傳，是其言不足以垂後矣。六經之義，驗之於心而然，施之於行事而順，然後為得。驗之於心而不然，施之於行事而不順，則非所謂經義。今之治經者為無用之文，徼幸科第而已，果何益哉？」

【今按】宋李幼武纂集《宋名臣言行錄外集》卷八、朱軾《史傳三編》卷五並記此語，亦繫於楊時名下。

【又按】《經義考》卷二九七又引喬可聘曰：「六經之義，驗之於心而然，施之行事而順，然後為得。今人讀孔、孟書，乃只為榮肥計，便是異端，如何又闢異端？」可見，此語剽竊楊時語錄，點竄數字，據為己有，朱彝尊失於甄別矣。

【又按】經學與科舉之關係歷來沒有講清楚。二者如同火箭與運載工具，科舉即運載工具。科舉盛，經學隨之而興；科舉廢，經學隨之而亡。一損俱損，一榮俱榮。唇亡齒寒，果無益哉？

196

蘇籀曰：昔仲尼於《詩》《書》《易》《禮》《樂》《春秋》惟舉要發端，不詳其言，非不能詳也，以為詳之則隘，故略之，使仁智者自求而得。

【探源】宋蘇籀《雙溪集》卷九《初論經解劄子》：臣聞聖經賢傳，唐、虞三代所遺，闕里之業，王者樂道尊儒，內自九重，化流寰海，金華露門，諮訪紳繹，辟雍東觀，群能感奮，俾天下品類迴心向正，政孚教洽，三代之盛，漢、唐之隆，及吾祖宗聖功，休烈六籍之效著矣。鴻惟陛下生而知之，孳孳舜善，聽朝之隙，橫經疇諮，宵旰睿覽，研幾簡編，建立太學，首善之始，崇道辯惑，渥恩養士。臣等遭際作興，帶經負笈，陶沐亭育，紳笏周行，裊弁就列，跂望睟穆之儀，而又昧死輪對。軒陛當得言之秋，非有涓塵稱塞，右文以謂不足以為士矣。竊聞永平之歲，期門羽林，肄習名教，貞觀之盛，屯營飛騎，受書博士，臣固駑下，亦知竦慕，狂斐儳說，不揆其愚。昔者仲尼刪定，繫象筆削，問周史，聞齊韶，而《詩》《書》《易》《禮》《樂》《春秋》各得其

所，惟舉要發端，不詳其言，非不能詳也，以為詳之則隘，故略之，使仁智者<u>自求而得</u>。逮夫李斯滅學之後，出於屋壁，既非全經，兩漢顓門之流，白首講貫，授受相傳，深不負仲尼之旨。虎觀、石渠，摳衣重席，論難紛紜，開益後人多矣。唐文皇時，初詔顏師古考究章程，孔穎達撰定義疏，遂為天下定論。此兩漢、魏、晉以來千載儒術也。夫六經微言妙用，非可易解而遽曉，始學必由傳疏。

【今按】蘇籀，字仲滋，四川眉山人，蘇轍之孫，蘇遲子，為蘇適後。大約生於北宋哲宗元祐六年（1091），約卒於南宋孝宗隆興二年（1164），享年七十四歲以上。著有《雙溪集》。

【又按】朱彝尊於原文有所竄改。

【又按】六經之微言妙用，唯仁智者自求而得之於語言文字之外。

<h2 style="text-align:center">197</h2>

　　崔鷗曰：馮澥之言云：「士無異論，太學之盛也。」此奸言也。昔王安石斥除異己，名臣如韓琦、司馬光輩既以異論逐，而其所著三經，士子宗之者得官，不用者黜逐，則天下靡然無一人敢可否矣。陵夷至於大亂，則無異論之禍也。

【探源】崔鷗《論馮澥》：伏睹六月一日詔書，詔諫臣直論得失，以求實是，此見陛下求治之切也。然數十年來，王公卿相皆自蔡京出，其餘擢居要路，以待相繼而用者，又充塞乎臺省，要使一門生死則一門生，用一故吏逐則一故吏，來更持政柄，互秉鈞軸，歷千百年無一人立異，雖萬子孫無一人害己，此蔡京之本謀也，安得實是之言聞於陛下？且如<u>馮澥近日上章，其言曰：「士無異論，太學之盛也。」此奸言也。昔王安石除異己之人，當時名臣如韓琦、富弼、司馬光、呂公著、呂誨、呂大防、范純仁等，咸以異論斥逐</u>。布衣之士，誰敢為異乎？士攜書負笈，不遠千里，遊於學校，其意不過求仕宦爾。<u>安石著三經之說，用其說者入官，不用其說者黜落，於是天下靡然雷同，不敢可否，陵夷以至於今大亂，此無異論之效也</u>，而尚敢為此說以熒惑人主乎？〔註12〕

【今按】崔鷗（1058～1126），元祐進士，任鳳州（今陝西鳳縣東）司戶參軍、筠州推官。宋徽宗剛立，上書頌揚司馬光，揭露章敦，被蔡京歸入邪等，免官，

〔註12〕宋呂祖謙：《宋文鑒》卷六二。

退居郟城（今河南郟縣）十餘年。宋欽宗即位，以諫官召用，上書論蔡京之奸時，曾論及當時的文禁：「若蘇軾、黃庭堅之文章，范鎮、沈括之雜說，悉以嚴刑重賞，禁其收藏。其苟錮多士，亦已密矣。」而此時北宋垂亡矣。他深知局勢難以挽回，「每歎天下事不可為」（呂本中《師友雜志》），未幾得攣疾而卒。

【又按】朱彝尊於原文有所竄改。

【又按】「士無異論，太學之盛也。」此馮澥之奸言，至今仍有強大的市場。試問：士無異論，何以會招致大亂？

<h2 style="text-align:center">198</h2>

　　陳過庭曰：五經義微，諸家因而異見，所不能免也。以所是者為正，所否者即為邪，此乃一偏之大失也。

【探源】元馬端臨《文獻通考》卷四二：欽宗靖康元年，右諫議大夫楊時言：「王安石著為邪說，以塗學者耳目，使蔡京之徒，得以輕費妄用，極侈靡以奉上，幾危宗社。乞追奪安石王爵，毀去配饗之像，使邪說淫亂不能為學者惑。」詔：「王安石從祀孔子廟廷，禮部其改位置在鄭康成以下。」御史中丞陳過庭言：五經義微，諸家因而異見，所不能免也。以所是者為正，所否者為邪，此乃一偏之大失也。頃者指蘇軾為邪學而加禁切，已弛其禁，許採其長而用之，實為通論。祭酒楊時，矯枉太過，復詆王氏以為邪說，此又非也。諸生習用王學，率眾見時而詆詈之。時引避不出，乃得散。退齋，生又自互黨王、蘇，至相追擊，附從者紛紛。凡為此者，足以明時之不能服眾也。詔時罷兼祭酒。

【今按】陳過庭（1071～1130），原名揚庭，字賓王。北宋越州山陰（今浙江紹興）人。紹聖進士。徽宗時以右司員外郎使遼，歸請加強邊備。宣和二年（1120），遷御史中丞。時方臘起義，他認為蔡京、王黼、朱勔皆不能辭咎，宜正典刑，被貶黃州安置。欽宗即位，復為御史中丞，劾姚古擁兵不援太原，罪可斬。靖康元年（1126）為尚書右丞，進中書侍郎。次年初，出使金營，被拘軍中。後卒於燕山。

【又按】「以所是者為正，所否者即為邪」，正中今人之失。

199

呂本中曰：學問當以《孝經》《論語》《中庸》《大學》《孟子》為本，熟味詳究，然後通求之《詩》《書》《易》《春秋》，必有得也。既自做得主張，則諸子百家長處皆為吾用矣。

【探源】語見宋呂本中《童蒙訓》卷上。

【今按】呂本中（1084～1145），字居仁，世稱東萊先生，祖籍萊州，壽州（治今安徽鳳臺）人。仁宗朝宰相呂夷簡玄孫，哲宗元祐年間宰相呂公著曾孫，榮陽先生呂希哲孫，南宋東萊郡侯呂好問子。宋代詩人、詞人、道學家。著有《東萊詩集》等。

【又按】以四書入門，再求之五經，奠定經學根基，站穩學術腳跟，繼而博覽諸子百家，將其長處為吾所用。呂本中所說的這一學問路徑正是傳統學問的正途。

200

楊時曰：六經，先聖所以明天道，正人倫，致治之成法也。其文自堯、舜，歷夏、周之季，興衰治亂成敗之跡，救敝通變，因時損益之理，皆煥然可考。網羅天地之大，文理象器幽明之故，死生終始之變，莫不詳喻曲譬，較然如數一二。

【探源】宋楊時《龜山集》卷二五《送吳子正序》：六經，先聖所以明天道，正人倫，致治之成法也。其文自堯、舜，歷夏、周之季，興衰治亂成敗之跡，捄敝通變，因時損益之理，皆煥然可考。網羅天地之大，文理象器幽明之故，死生終始之變，莫不詳論曲譬，較然如數一二。宜乎後世高明超卓之士一撫卷而盡得之也。予竊怪唐、虞之世，六籍未具，士於斯時非有誦記操筆綴文然後為學也，而其蘊道懷德、優入聖賢之域者何多邪！其達而位乎上，則昌言嘉謨，足以亮天工而成大業。雖困窮在下，而潛德隱行，猶足以經世勵俗，其芳猷美績又何其章章也！自秦焚《詩》《書》，坑術士，六藝殘缺，漢儒收拾補綴，至建元之間，文辭粲如也。若賈誼、董仲舒、司馬遷、相如、揚雄之徒繼武而出，雄文大筆，馳騁古今，沛然如決江漢，浩無津涯，後雖有作者，未有能涉其波流也。然賈誼明申、韓，仲舒陳災異，馬遷之多愛，相如之浮侈，皆未足與議。惟揚雄為庶幾於道，然尚恨其有未盡者。積至於唐，文籍之備，蓋十百前古。元和之間，韓、柳輩出，咸以古文名天下，然其論著不詭於聖人蓋寡矣。自漢迄唐千餘歲，而士之名能文者無過是數人，及考其所

至，卒未有能倡明道學，窺聖人閫奧如古人者。然則古之時，六籍未具，不害其善學。後世文籍雖多，亡益於得也。孔子曰：「予非多學而識之，予一以貫之。」豈不信矣哉！武陽吳子正，余之畏友也，博文強識，於諸子百氏之書無所不究，循是而進，益求古人所謂卓約者而守之，庶乎其至矣。區區於漢、唐之士以多文自富，務為辭章以驚眩末俗，非善學也夫。贈言為別，以相規切，蓋古朋友之義也，故於子正之行，輒書以為贈。

【今按】楊時（1053～1135），字中立，號龜山，祖籍弘農華陰（今陝西華陰東），南劍西鏞州龍池團（今福建省三明市明溪縣）人。熙寧九年進士，歷官瀏陽、餘杭、蕭山知縣，荊州教授、工部侍郎、以龍圖閣直學士專事著述講學。先後學於二程，程門立雪，為程門四大弟子之一。晚年隱居龜山，學者稱龜山先生。著有《龜山集》。

【又按】「救敝通變，因時損益」，此為《易經》之理，亦為六經之理。

<h2 style="text-align:center">201</h2>

尹焞曰：讀書者，當觀聖人所以作經之意，與聖人所以用心，與聖人所以至聖人，而吾之所以未至者，句句而求之，晝誦而味之，中夜而思之，平其心，易其氣，闕其疑，則聖人之意見矣。

【探源】宋尹焞《和靖集》卷四「壁帖・聖學」：「子言：『<u>讀書者，當觀聖人所以作經之意，與聖人所以用心，與聖人所以至聖人，而吾之所以未至者</u>，所以未得者，<u>句句而求之，晝誦而味之，中夜而思之，平其心，易其氣，闕其疑，則聖人之意見矣。</u>』」

【今按】朱熹跋云：「和靖尹公先生遺墨一卷，皆先生晚歲片紙手書聖賢所示治氣養心之要，黏之屋壁以自警戒者，其家緝而藏之。今陽夏趙侯刻置臨川郡齋，摹本見寄。熹竊惟念前賢進修不倦，死而後已，其心炯炯，猶若可識，而趙侯所以摹刻之意，又非取其字畫之工，以供好事者之傳玩而已。捧讀終篇，恍然自失。因敬識其後，以自詔云。淳熙丙申三月丁巳，新安朱熹敬書。」張栻跋云：「和靖先生所居之齋，多以片紙書格言至論置於牕壁間，今往往藏於其家，如此所刻是也。反覆玩繹，遐想其感發之趣，深存體之功至，而浹洽之味為無窮也。嗟乎！學者於此亦可以得師矣。淳熙丙申三月壬戌，廣漢張栻謹書。」據此二跋，可知尹公先生遺墨乃手書聖賢語錄，並非言必己出。《和靖集》明言「子言」，表示不出於己。經考證，這段話出自伊川程子，

語見《近思錄》卷三、《二程遺書》卷二五、《二程粹言》卷上。此外，《朱子語類》卷十九載：「問：『伊川說讀書，當觀聖人所以作經之意與聖人所以用心一條。』曰：『此條程先生說讀書，最為親切。今人不會讀書，是如何？只緣不曾求聖人之意。才拈得些小，便把自意硬入放裏面，胡說亂說，故教他就聖人意上求看如何。』問：『易其氣是如何？』曰：『只是放教寬慢，今人多要硬把捉教住，如有個難理會處，便要刻畫百端，討出來，枉費心力，少刻只說得自底，那裡見聖人意。』又曰：『固是要思索，思索那曾恁地，又舉闕其疑一句，歎美之。』」〔註13〕明呂柟《二程子抄釋》卷六云：「讀書者，當觀聖人所以作經之意，與聖人所以用心，與聖人所以至聖人，而吾之所以未至者，所以未得者，句句而求之，誦而味之，中夜而思之，平其心，易其氣，闕其疑，則聖人之意見矣。」釋云：「如此求索，則聖人在目前矣。」明丘濬《大學衍義補》卷七七云：「此程子讀書法也。學者讀書，誠以此兩賢之言為法，則凡聖賢之所以著書立言與其所以立心制行而至於為聖為賢者，皆可於言意之表得之矣。得其言於心，本之以制行，本之以處事，本之以為學，本之以為政，不徒出口入耳，而皆有諸己以為實行，措諸事以為實用，聖賢地位不難到矣。」朱彝尊對於這些常見的理學文獻不熟悉，又誤讀原文，未能探本索源，致使張冠李戴。

【又按】尹焞（1071～1142），字彥明，一字德充，洛陽（今河南省洛陽）人。靖康初年召至京師，不欲留，賜號和靖處士。紹興四年（1134）授左宣教郎，充崇政殿說書。八年（1138）權禮部侍郎，兼侍講。工書，嘗手書歐陽修所作三志，足以傳世。朱熹得和靖先生帖於祁君之子真卿，淳熙庚子刻之白鹿洞書院。著有《和靖先生集》《論語解》。卒追封禮部尚書、太子太傅。元朝時又追封為文正公。雍正二年（1724），奉聖旨配享孔子廟庭。《宋史》有傳。

【又按】宋晁說之《晁氏客語》亦有此語，但未注明姓名。

【又按】明劉宗周《劉蕺山集》卷九《尹和靖先生文集序》：「孔、孟既沒，傳聖人之道者，濂、洛諸君子也，而程氏之門獨得其傳者，為和靖尹先生。」

【又按】「平其心，易其氣，闕其疑」，此乃求聖人之心的方法。求之，味之，思之，缺一不可。

〔註13〕《御纂朱子全書》卷六同。

202

林疑獨曰：六經者，各有所道，同歸於治而已。六經判，而百家各是其所是，道術所以不明也。

【探源】宋褚伯秀《南華真經義海纂微》卷一〇三：疑獨注：道術無乎不在，方術則有在矣。言道之體無不在，道之用未嘗或在。或謂之神，謂之明，或謂之聖，謂之王，或降或出，或生或成，是果有在乎？夫神者，明之藏；明者，神之顯。聖者，王之始；王者，聖之終。圓融和會，使之無間，猶四時之氣不同，所以成歲，功則一，曰天，曰神，曰至，曰聖，君子百官，其本末精粗雖不同，皆不離乎一而已。出而有別者宗，生而不粗者精。真者，精誠之至，合天德而通乎道謂之聖人。四者非同非異，出入殊途，聖人出而為君子，則道德散而為仁義，禮樂又散而為法名，操稽以備百官之用，又君子之緒餘也。聖人散道以致用，故有法散同以立異，故有分百官述法而不及道言，分而不及用。名者，實之賓。表者，裏之外。百官充名而不盡實，充表而不及裏，所操者行而有驗乎？外所稽者知，而決出乎果。其數一二三四，即名法守具也。器有小大，識有遠近，故百官以此相齒，以事為常，以衣食為主，所以養民也，化之而蕃息，居之而富藏，老弱孤寡有以給，神明天地有以配，然後育萬物，使之順性，和天下使之時應，而其澤流於百姓也。本數言其精，末度言其粗，明而有係，此道所以備而無乎不在也。其徵而在性命者，可傳以心法，所不能傳可有諸己，史所不能有明而在數度詩書者法史搢紳能明之。<u>六經各有所道，同歸於治而已。</u>夫老、莊之槌踶仁義，欲矯枉以歸直也。矯之太過，又歸於枉，至此獨以聖人六經為言，所以矯向之過枉者耳。<u>六經判，而百家各是其所是，道術所以不明</u>，時稱道於口，不能以心體之，致聖賢暗而不明。道德二而不一，各為其所欲，為私察以為知，私好以為仁，所以寡能，備天地之美，稱神明之容，其於內聖外王之道必不合矣。

【今按】林自，生卒不詳，字疑獨，以字行。宋興化（今莆田）人。元豐八年（1085）兩優釋褐狀元，除太學錄。時薛昂為太學正，相與黨附蔡卞，竟推尊王安石，而排擠元祐，禁戒士人不得習元祐學術。官秘書省正字，遷著作佐郎，終宣德郎。《弘治興化府志》入《佞臣傳》。與吳子進、哀志行等十人撰有《太學十先生易解》十二卷，今佚。

203

程俱曰：漢興，諸儒以經義專門教授，故學者必有師承，源流派別，皆可推考。東漢、二晉以迄有唐，餘風猶有存者。

【探源】宋程俱《北山集》卷十五《漢儒授經圖敘》：古者尊師而重道，自天子達於庶人，故孔安國授經昭後，死為之服。桓榮傳明帝於東宮，及即尊位，幸其第，至里門，下車擁經而前，蓋其嚴如此。<u>漢興，諸儒以經誼專門教授，故學者必有師承，源流派別，皆可推考。</u>歷東漢、二晉以迄有唐，餘風猶有存者。然其間大儒間出，不專以一經章句授諸生，如王通行道於河、汾之間，韓愈抗顏於元和之際，故從之學者，其於行己成務，作為文章，皆足以名世而垂後。如魏徵、王珪、李翱、皇甫湜之徒是也。陋哉夏侯勝之言也曰：「士病經術不明。經術苟明，取青紫如俯拾地芥耳。」夫所貴於學者，豈專為是哉？而勝以利誘諸生，何也？西漢之俗固已尚通達而急進取矣。又使士專為利而學，學而仕，仕而顯，則不過容悅患失之人而已。如張禹以經為帝師，位丞相，而被佞臣之目。後世議者，至以謂西漢之亡以張禹。谷永亦號博通諸經，然因災異之對枉公議，以阿王氏二人者皆成帝所取，決有識所企望而當漢之所以存亡之機者也。然且不顧，方懷奸而狗利，豈其志本在於青紫故耶？抑天姿然也？後世君子，一志於青紫者眾，求師務學者寡，學者亦無所師承，此余所以常恨生之晚也。方祖宗隆盛之時，如孫明復、胡翼之以經術，楊文公、歐陽文忠以學問文章為一時宗師，學者有所折衷而問業焉。王荊公出以經義，授東南學者，及得君行政於天下，靡然宗之。元祐間，蘇子瞻以文章主英俊之盟，亦云盛矣。余病臥里中，讀《西漢·儒林傳》，觀其師弟子授受之嚴，所謂源流派別皆可推考者，竊有感焉。且浮屠氏自釋迦文佛傳心法與夫講解之宗，至於今將二千年，而源派譜諜如數一二。下至醫巫祝卜百工之技，莫不有所師，如吾儒師承之道乃今蔑焉。所謂學官師弟子如適相遇於途耳，蓋可歎也。則其事業之不競，語言之不工，名節之不立，無足怪。因以漢儒授經為圖，以想見漢興之風范雲。建炎四年六月三十日，信安程俱序。

【今按】程俱（1078～1144），字致道，號北山，衢州開化（今屬浙江）人。以外祖鄧潤甫恩蔭入仕。宣和三年賜上舍出身。歷官吳江主簿、太常少卿、秀州知府、中書舍人侍講、提舉江州太平觀、徽猷閣待制。詩多五言古詩，風格清勁古淡。著有《北山小集》《麟臺故事》。

【又按】漢唐經學重視師承，重視師法與家法；而現代學者去宗主，不講師法與家法，打著「實事求是」的旗號，兜售的全是一己之私貨。

204

葉夢得曰：六經、諸史與諸子之善者，通三千餘卷，以二十年計之，日讀一卷，亦可以再周，其餘一讀足矣。惟六經不可一日去手。

【探源】葉夢得《過庭錄》：前世大亂之後，書籍散亡，時君多用意搜求。自漢成帝遣謁者陳農求遺書於天下，而命劉向等校之。至隋煬帝設二臺，募以金帛。開元後，元載當國，亦命拾遺苗發等為江淮括圖書使，每以千錢易書一卷，故人以嗜利，偽作爭獻，時無劉向輩論考，即並藏之，但以卷帙多為貴。往承平時，三館歲曝書，吾每預其間，凡世所不傳者，類冗陋鄙淺無足觀，及唐末五代書尤甚，然好奇者或得其一，爭以誇人，不復更考是非，此亦藏書一僻也。漢武帝時，河間獻王以樂書來獻，乃《周官》大司樂章，當時六經猶未盡出，其誤固無足怪。齊高帝時，雍州發古冢，得十餘簡，以示王僧虔，云是蝌蚪書《考工記》，《周官》所闕文，世既無此書，僧虔何從證之乎？此亦好奇以欺眾爾。本朝公卿家藏書，惟宋宣獻最精，好而不多，蓋凡無用與不足觀者皆不足取。故吾書每以為法也。又曰：古書自唐以後，以甲、乙、丙、丁略分為經、史、子、集四類。承平時，三館所藏不滿十萬卷。《崇文總目》所載是也。公卿名藏書家如宋宣獻、李邯鄲，四方士民如亳州祁氏、饒州吳氏、荊州田氏等，吾皆見其目，多止四萬許卷，其間頗有不必觀者。惟宋宣憲家擇之甚精，止二萬許卷，而校讎詳密，皆勝諸家，吾舊所藏，僅與宋氏等，而宋氏好書，人所未見者，吾不能盡得也。<u>自六經、諸史與諸子之善者，通有三千餘卷，讀之固不可限以數，以二十年計之，日讀一卷，亦可以再周，其餘一讀足矣。惟六經不可一日去手。</u>吾自登科後，每以五月以後，天氣漸暑，不能泛及他書，即日專誦六經一卷，至中秋時畢，謂之夏課，守之甚堅。宣和後，始稍廢，歲亦必有一周也。每讀不唯頗得新意，前所未達者，其先日差誤，所獲亦不少，故吾於六經似不甚滅裂。《南史》記徐廣年過八十，猶歲讀五經一遍，吾殆不愧此。前輩說劉原父初為窮經之學，寢食坐臥，雖謁客，未嘗不以六經自隨，蠅頭細書，為一編置夾袋中，人或傚之，後備書者遂為雕板，世傳「夾袋六經」是也。今人但隨好惡，苟誦一家之說，便自立門戶，

以為通經，內不求之己，外不求之古，可乎？後生稔習聞見所以日趨於淺陋也。〔註14〕

【今按】葉夢得（1077～1148），字少蘊，號石林，吳縣人。清臣之孫。紹聖四年進士，南渡後除尚書右丞、江東安撫使，知建康府行宮留守。官至崇信軍節度使。居吳興弁山，自號石林居士。著有《石林燕語》《石林詞》《石林詩話》等。事蹟具《宋史・文苑傳》。

【又按】「內求之己」是宋學路數，「外求之古」是漢學路數。「內不求之己，外不求之古」是非宋非漢的捷徑，似為今日之某神某經的不二法門。

205

鄭樵曰：《易》雖一書，而有十六種學，有傳學，有注學，有章句學，有圖學，有數學，有讖緯學。《詩》雖一書，而有十二種學，有詁訓學，有傳學，有注學，有圖學，有譜學，有名物學……班固有言，自武帝立五經博士，開弟子員，設科射策，勸以官祿，訖於元始，百有餘年，傳業者浸盛，枝葉繁滋，一經說至百餘萬言，大師眾至千餘人，蓋利祿之路然也。三百篇之《詩》盡在聲歌，自置《詩》博士以來，學者不聞一篇之《詩》。六十四卦之《易》，該於象數，自置《易》博士以來，學者不見一卦之《易》。儒家之弊，至此而極。

【探源】鄭樵《通志總序》：<u>《易》雖一書，而有十六種學，有傳學，有注學，有章句學，有圖學，有數學，有讖緯學</u>，安得總言易類乎？<u>《詩》雖一書，而有十二種學，有詁訓學，有傳學，有注學，有圖學，有譜學，有名物學</u>，安得總言詩類乎？道家則有道書，有道經，有科儀，有符籙，有吐納內丹，有爐火外丹，凡二十五種，皆道家，而渾為一家，可乎？醫方則有脈經，有灸經，有本草，有方書，有炮炙，有病源，有婦人，有小兒，凡二十六種，皆醫家，而渾為一家，可乎？故作《藝文略》。冊府之藏，不患無書，校讎之司，未聞其法。欲三館無素餐之人，四庫無蠹魚之簡，千章萬卷，日見流通，故作《校讎略》。河出圖，天地有自然之象，圖譜之學由此而興。洛出書，天地有自然之文，書籍之學由此而出。圖成經，書成緯，一經一緯，錯綜而成文。古之學者，左圖右書，不可偏廢。劉氏作《七略》，收書不收圖，班固即其書為《藝文志》，自此以還，圖譜日亡，書籍日冗，所以困後學而隳良材者，皆由於此，何哉？即圖而求易，即書而求難，捨易從難，成功者少。臣乃立

為二記,一曰記有,記今之所有者,不可不聚;二曰記無,記今之所無者,不可不求,故作《圖譜略》。方冊者,古人之言語款識者,古人之面貌,方冊所載,經數千萬傳,款識所勒,猶存其舊。蓋金石之功,寒暑不變,以茲稽古,庶不失真。今藝文有志,而金石無紀。臣於是採三皇五帝之泉幣、三王之鼎彝、秦人石鼓、漢魏豐碑,上自蒼頡石室之文,下逮唐人之書,各列其人而名其地,故作《金石略》。洪範五行傳者巫瞽之學也,歷代史官皆本之以作《五行志》。天地之間災祥萬種,人間禍福冥不可知,若之何?一蟲之妖,一物之戾,皆繩之以五行,又若之何?晉屬公一視之遠,周單公一言之徐,而能關於五行之沴乎?晉申生一衣之偏,鄭子臧一冠之異,而能關於五行之沴乎?董仲舒以陰陽之學倡為此說,本於《春秋》,牽合附會,歷世史官自愚其心目,俛首以受籠罩,而欺天下,臣故削去五行,而作《災祥略》。語言之理易推,名物之狀難識。農圃之人識田野之物,而不達詩書之旨。儒生達詩書之旨,而不識田野之物。五方之名本殊,萬物之形不一,必廣覽動植,洞見幽潛,通鳥獸之情狀,察草木之精神,然後參之載籍,明其品匯,故作《昆蟲草木略》。凡十五略,出臣胸臆,不涉漢、唐,諸儒議論。《禮略》所以敘五禮,《職官略》所以秩百官,《選舉略》言掄材之方,《刑法略》言用刑之術,《食貨略》言財貨之源流。凡茲五略,雖本前人之典,亦非諸史之文也。古者記事之史,謂之志。……<u>班固有言:自武帝立五經博士,開弟子員,設科射策,勸以官祿,訖於元始,百有餘年,傳業者寖盛,枝葉繁滋,一經說至百餘萬言,大師眾至千餘人,蓋祿利之路然也。</u>且百年之間其患至此,千載之後弊將若何?況祿利之路必由科目,科目之設必由乎文辭。<u>三百篇之《詩》盡在聲歌,自置《詩》博士以來,學者不聞一篇之《詩》。六十四卦之《易》該於象數,自置《易》博士以來,學者不見一卦之《易》。</u>皇頡制字,盡由六書,漢立小學,凡文字之家不明一字之宗。伶倫制律,盡本七音,江左置聲韻,凡音律之家不達一音之旨。經既苟且,史又荒唐,如此流離,何時返本?道之污隆存乎時,時之通塞存乎數。<u>儒學之弊,至此而極。</u>寒極則暑至,否極則泰來,此自然之道也。臣蒲柳之質,無復餘齡,葵藿之心,惟期盛世。

【今按】鄭樵(1104~1162),字漁仲,自號溪西逸民,興化軍莆田(今福建莆田)人。學者稱夾漈先生。不願應科舉而隱居於夾漈山中,刻苦鑽研經學、禮樂學、文字學、天文學、地理學、動植物學,共計三十年,將研究所得作出諸多著作,但大部分已佚亡,今存《通志》《夾漈遺稿》《詩辨妄》等數種。

206

胡寅曰：《易》《詩》《書》《春秋》，全經也。先賢以之配皇、帝、王、霸，言世之變，道之用不出乎是矣。《論語》《孟子》，聖賢之微言、諸經之管轄也。《孝經》非曾子所為，蓋其門人識所聞而成之，故整比章指，又未免有淺近者，不可以經名也。《禮記》多出於孔子弟子，然必去呂不韋之《月令》及漢儒之《王制》，仍博集名儒，擇冠、婚、喪、祭、燕、鄉、相見之經與《曲禮》，以類相從，然後可以為一書。若《大學》《中庸》，則《孟子》之倫也，不可附之《禮》篇。至於《學記》《樂記》《閒居》《燕居》《緇衣》《表記》格言甚多，非《經解》《儒行》之比，當以為《大學》《中庸》之次也。《禮運》《禮器》《玉藻》《郊特牲》之類又其次也。若《周官》則決不出於周公，不當立博士，使學者傳習，姑置之足矣。

【探源】此條出自胡寅《致堂讀史管見》卷三。

【今按】元馬端臨《文獻通考》卷一七四引致堂胡氏語，又曰：「古有經而無數，逮孔子刪定繫作，然後《易》《詩》《書》《春秋》成焉。然孔、孟之門，經無五六之稱。其後世分《禮》《樂》為二，與四經為六歟？抑合《禮》《樂》為一，與四經為五歟？廢仲尼親筆所注之《春秋》，而取劉歆所附益之《周禮》，列之學官，於是六經名實益亂矣。有天下國家，必以經術示教化，不意五季之君，夷狄之人，而知所先務，可不謂賢乎？雖然，命國子監以木本行，所以一文義，去舛訛，使人不迷於所習，善矣。頒之可也，鬻之非也。或曰：『天下學者甚眾，安得人人而頒之。』曰以監本為正，俾郡邑皆傳刻焉，何患於不給？國家浮費，不可勝計，而獨靳於此哉？此馮道、趙鳳之失也。」

【又按】胡寅（1098～1156），字明仲，學者稱致堂先生，宋建州崇安（今福建武夷山市）人，後遷居衡陽。胡安國弟胡淳之子，奉母命撫為己子，居長。著有《論語詳說》《讀史管見》《斐然集》。

207

范浚曰：士生叔世，去聖人數千百歲，雖不復見聖人之儀形，而即遺經所傳，以求所不傳之妙，尚可以見聖人之心也。

【探源】宋范浚《香溪集》卷十八《答徐提幹書》：濬愚無知，於世事都不通解，竊獨有志於學，嘗以為，士生叔世，去聖人千數百歲，雖不復見聖人之儀形，而即遺經所傳以求所不傳之妙，尚可以見聖人之心。又以為《論語》一書，

記孔門格言善行，最為本真，誠使夫子復生，且有喜問者進乎前，而夫子一二詔告之，亦不越乎《論語》所記，故拳拳服膺，妄意窺測聖賢旨意，譬諸幽蔀窮人，穿隙睹天，雖或有見，亦已微矣。然時時取臆說為朋友言之，以求是正其失，不料輒塵聽覽，且蒙曲賜推與，皇愧不敢當。然心知左右愛之而欲其至於是也，銘激之餘，竊有感焉。蓋自大學之道不傳，士狃習尚，以好修取譽為極致，以辭章記誦為要務，語以聖經性命道德之說，能知而不嘿然陽應者鮮矣，以為是而灑然入焉者又加鮮至。若可與談微究要領會於言意之表者，殆得一二於千百焉。是非此道之難知也，由此道而知之者為難得也。昔李翱在唐諸儒中，言道最純，然其用心勤甚，而時人莫之知，後世亦莫之知。翱從韓愈為文章，辭采雖下愈，而議論渾厚，如《復性書》三篇，貫穿群經，根極理要，發明聖人微旨良多，疑愈所不逮。而愈但稱翱學文頗有得耳，翱亦自謂與人言未有是我者。是當時，莫之知也。近世名儒尚論古人眾矣，曾無以言道與翱者，至或指《復性書》為《中庸》義疏，而曰：愚者雖讀此不曉也，不作可焉。是後世亦莫之知也。翱之言曰：有問於我，我以吾之所知而傳焉，遂書於書，以開誠明之源，而缺絕廢棄不揚之道幾可以傳於時。翱之用心如此，而當時後世舉莫之知。信乎學此道而難與人言，非適今也。求之前古，又非特一李翱也，凡聖賢皆然。惟其莫己知，而力行不惑，所以為聖為賢耳。濬也昧甚，不知力之莫可，而竊有志於學。不知難與人言，而每求夫相與同乎此道者，蓋不易得，而僅有之也。

【今按】范浚（1102～1150），字茂名，一作茂明，婺州蘭溪人。紹興中舉賢良方正。以秦檜當政，辭不赴。閉門講學，篤志研求，學者稱香溪先生。著有《香溪集》。

【又按】由經以求所不傳之妙，尚可以見聖人之心，范浚此論甚得詮釋學之真諦。

208

林光朝曰：文王演《周易》，而為卜筮之書，箕子作《洪範》，流而為災異五行之說，聖人之經何其不幸也！

【探源】宋林光朝《艾軒集》卷三：問文王演《周易》，而為卜筮之書，箕子作《洪範》，流而為災異五行之說，嗚呼！聖人之經何其不幸也！夫八卦之文，九疇之敘，雖無文王，無箕子，而此理素定也。天下由之而不自知耳。聖人患其如是，於是乎作書以示之，學者之觀書也，捨編簡而求之可也，奈何源流

一失，迂儒曲士肆為異言，天人之理不復見矣。嗚呼！學者之弊，流毒至此，是河圖洛書不得為帝王之嘉瑞也，卜筮之說始於秦而漢儒知之，災異之說始於漢而漢儒不之知也，故不可以不辨。休咎之證非耳目所能曉，謂天有意於人邪？則九年之水、七年之旱非堯、湯之罪也。謂無意於人邪？則五星聚而漢祚啟，蚩尤之旗見而興師三十餘年，茲又已然之驗也。夫千歲之遠，六合之外，求其說而不得，置之可也。災異之說於風化最其關切者，而欲置之，可乎？乃者彗星東見，主上惕然，赦過宥罪，不忍移咎於人，此先王罪己之道也。宋景公春秋之庸君耳，一言之善，而熒惑為之退舍。今日之事不論可知也，敢問春秋之世，彗星三見，聖人書之，不著其應，其意果安在耶？董仲舒、劉向善言災異，天人之理果如所料耶？將耳目之外，冥漠難測，必委之於不可知邪？抑此理昭然，而學者不克知也，說者謂漢文之世率多災異，哀、平而下符瑞畢至，是知災祥之來，所以儆戒其德也。無德而虛其應，天棄之也，所以養其惡也，實歟？妄歟？其必有至當之理焉。孟子曰：「天之高也，星辰之遠也。苟求其故，千歲之日至可坐而致也。」故者何理而已矣，諸君試求所以然者。詳著於篇，無為諸儒牽合之說也。

【今按】林光朝（1114～1178），字謙之，興化軍莆田人。專心聖賢之學，動必以禮。南渡後，以伊、洛之學倡東南，自光朝始。隆興初第進士。累遷廣西提點刑獄，移廣東。茶寇剽江西南薄嶺，其鋒甚銳，光朝自將擊敗之。加直寶謨閣，召拜國子祭酒。後以集英殿學士出知婺州。引疾，提舉興國宮。卒諡文節。著有《艾軒集》。

【又按】《周易》本為卜筮之書，何言不幸？

209

王質曰：文章根本在六經。

【探源】宋王質《雪山集》卷五《于湖集序》：故宋中書舍人張公安國，奮起荒寒寂寞之鄉，而聲名震耀天下者二十餘年，可謂盛矣。歲丁丑，某始從公於臨安間，謂某曰：「吾有志於文章，將須成，於子其請為我言之。」某謝不能，公益切。某不得已，而為之言。文章之根本皆在六經，非惟義理也，而其機杼、物采、規模、制度，無不具備者也。……公曰：「世之文，秦降於三代，漢降於秦，唐又降焉，何也？」某曰：「文章非人之所為，天地之氣發露，而為英華，而人隨其淺深能否，得之世運風俗，轉移遷流，愈降而愈薄。此

可以觀氣之盈虧,自混淪以前,其略見於釋氏之《長含經》;而開闢以後,其詳見于邵氏之《皇極經世》。此文章所以有高下,而亦奚獨文章也。司馬子長、班孟堅世以為匹,觀張騫之贊,子長、孟堅增損之語可以見人情之廣狹。枚乘,漢之劣;而柳子厚雄於唐者也。觀乘之《七發》與子厚之八問,可以見物態之厚薄,顧第弗深考。」公益叩曰:「然則何如?」某曰:「世之風俗,與天地之氣,俱為消息盈虛,而吾之心未嘗有所虧盈也。自三代而降,《中庸》《大學》之旨不傳,而危微精一之學遂廢。世徒以智力精神與萬物相抗,而奪其情狀,為吾之文章,不知吾之智力、精神與氣運、風俗同流,而我弗能制也。若是,何怪道愈降文益衰。夫惟至誠不息之功全,而克己復禮之力厚,自為主宰,不為氣運、風俗所遷,吾之智力精神返而與泰定之光相合。不隨古今之變而常新無窮,則三代之文章居然可致也。林間之夫,漢上之女,與今之學士大夫其賢愚工拙宜至相絕矣,而《兔罝》《漢廣》之聲非後世可吐。此惟其有莫不好德之心,故其音純;有無思犯禮之念,故其音正。世溺於勢利聲名,而方寸之地為萬物往來馳騁之塗,蹂踐吾之精靈,其力至淺鮮矣。敘事而有《大禹》《皋陶》《益稷》、之謨,論諫而有《說命》《旅獒》《立政》之書,論眾而有《梓材》《多方》之訓,析理而有《洪範》之文,此非可以取,必於其辭而其存諸中者,如玉在石,珠在淵,溫純明湛之輝,因物顯容而自莫如此,天下之至文也。」公曰:「善哉!始吾所志未為極也,如子所言,則六經是師三代是慕而後可也,苟未死,當無負於子言。」已泣下,初莫諭其故,後四月而公亡。此某所以痛哭流涕,而恨公之無年,抱其不竭之才,齎其未盡之志以沒,使某之言徒發而不見其驗也,哀哉!

【今按】宋王應麟《困學紀聞》卷二:「王景文謂:『文章根本在六經。』」朱鶴齡《尚書埤傳附錄》:「宋景文謂:『文章根本在六經。』」王質字景文,王應麟不誤,而朱鶴齡誤作「宋景文」。

【又按】王質(1135~1189),字景文,號雪山,鄆州(今山東東平)人,寓居興國軍(今湖北陽新縣)。1160年中進士,高宗召試館職,未到任。後絕意仕途,奉祠山居。南宋高宗、孝宗時期著名經學家、詩人、文學家。著有《雪山集》《詩總聞》等。

【又按】此條論文章與六經的關係,且提出了一個有價值的觀點:「文章根本在六經。」同時也提出了一個富有退化論意味的論點:「(文章)愈降而愈薄。」秦降於三代,漢降於秦,唐又降焉,果真「文到唐宋止、詩到蘇黃盡」嗎?

210

鄭耕老曰：立身以力學為先，力學以讀書為本。今取六經及《論語》《孟子》《孝經》，以字計之，《毛詩》三萬九千二百二十四字，《尚書》二萬五千七百字，《周禮》四萬五千八百六字，《禮記》九萬九千二十字，《周易》二萬四千二百七字，《春秋左氏傳》一十九萬六千八百四十五字，《論語》一萬二千七百字，《孟子》三萬四千六百八十五字，《孝經》一千九百三字，大小九經合四十八萬四千九十五字。且以中才為率，若日誦三百字，不過四年半可畢。或以天資稍鈍，減中材之半，日誦一百五十字，亦止九年可畢。苟能熟讀而溫習之，使入耳著心，久不忘失，全在日積之功耳。里諺曰：「積絲成寸，積寸成尺。寸尺不已，遂成丈匹。」此語雖小，可以喻大，後生其勉之。

【探源】語見宋呂祖謙《少儀外傳》卷上引《鄭氏勤學》。清周永年《先正讀書訣》引作「鄭耕老《勸學》」。

【今按】元無名氏《居家必用事類全集》讀書類「歐陽文忠公讀書法」條：「立身以力學為先，學以讀書為本。今取《孝經》《論》《孟》、六經，以字計之，《孝經》一千九百三字，《論語》萬有一千七百五字，《孟子》三萬四千六百八十五字，《周易》二萬四千一百七字，《尚書》二萬五千七百字，《詩》三萬九千二百三十四字，《禮記》九萬九千一十字，《周禮》四萬五千八百六字，《春秋左傳》一十九萬六千八百四十五字。止以中才為準，若日誦三百字，不過四年半可畢；或稍鈍，減中人之半，亦九年可畢。其餘觸類而長之，雖縷秩浩繁，第能加日積之功，何所不至。諺曰：『積絲成縷。積寸成尺。寸尺不已。遂成丈匹。』此言雖小，可以喻大，爾輩勉之。」清陳宏謀《養正遺規補編》亦作「歐陽文忠公讀書法」。

【又按】「立身以力學為先，力學以讀書為本」，這是講為什麼要讀經；「苟能熟讀而溫習之，使入耳著心，久不忘失，全在日積之功耳」，這是講怎麼讀經。積絲成寸，積寸成尺，熟讀深思，身體力行，知行合一，方為立身有道。

211

喻樗曰：六經數十萬言，只十個字能盡其義，要之，不出乎君臣、父子、夫婦、長幼、朋友而已。

【探源】宋林之奇《拙齋文集》卷一：吳元忠嘗問喻子才：「六經緊要在甚處？」子才云：「六經數十萬言，只有十個字能盡其義，要之，不出乎君臣、父子、夫婦、長幼、朋友而已。」

【今按】喻樗（？～1777），字子才，號湍石，南宋嚴州人。建炎三年（1129）進士。為人性直好議論，趙鼎與語奇之，薦授秘書省正字。孝宗即位，用為提舉浙東常平，以治績著稱。喻樗善識鑒，嘗言沈晦、張九成進士當第一，後果然。樗二女方擇配，富人交請婚，不許。及見汪洋、張孝祥，乃曰：「佳婿也。」遂以妻之。著有《中庸大學論語解》《玉泉語錄》。

【又按】吳元忠之問：「六經緊要在甚處？」這個問題是至今都必須思考的大問題。

212

洪邁曰：晉、唐至今，諸儒訓釋六經，否則自立佳名，蓋各以百數。其書曰傳，曰解，曰章句而已。若戰國迄漢，則其名簡雅，一曰故。故者，通其指義也。《書》有《夏侯解故》，《詩》有《魯故》《後故》《韓故》也。《毛詩故訓傳》，顏師古謂流俗改故訓傳為詁字，失真耳。小學有杜林《倉頡故》。二曰微。謂釋其微指。如《春秋》有《左氏微》《鐸氏微》《張氏微》《虞卿微傳》。三曰通。如窐丹《易通論》名為《窐君通》。班固《白虎通》、應劭《風俗通》、唐劉知幾《史通》、韓滉《春秋通》，凡此諸書，惟《白虎通》《風俗通》僅存耳。又如鄭康成作《毛詩箋》，申明傳義，他書無用此字者。《論語》之學但曰《魯論》《齊論》《張侯論》，後來皆不然也。

【探源】語見宋洪邁《容齋五筆》卷六「經解之名」條。

【今按】洪邁（1123年～1202年），字景盧，號容齋，又號野處，南宋饒州鄱陽（今江西鄱陽）人。洪皓第三子。官至翰林院學士、資政大夫、端明殿學士、宰執，封魏郡開國公、光祿大夫。卒年八十，諡文敏。著有《容齋隨筆》《夷堅志》等。

【又按】簡雅之名有三，一曰「故」，二曰「微」，三曰「通」。後來風氣改變，競相以「新」為美名。

213

陸游曰：唐及國初學者不敢議孔安國、鄭康成，況聖人乎？自慶曆後，諸儒發明經旨，非前人所及，然排《繫辭》，毀《周禮》，疑《孟子》，譏《書》之《（嗣）〔胤〕征》《顧命》，黜《詩》之《序》，不難於議經，況傳注乎？

【探源】宋王應麟《困學紀聞》卷八：陸務觀曰：「<u>唐及國初學者不敢議孔安國、鄭康成，況聖人乎？自慶曆後，諸儒發明經旨</u>，非前人所及，然排《繫辭》（若璩按：謂歐陽永叔），毀《周禮》（按：謂歐陽永叔、蘇軾、轍。），疑《孟子》（按：謂李覯、司馬光。），譏《書》之《胤征》《顧命》（按：謂蘇軾。），黜《詩》之《序》（按：謂晁說之。），<u>不難於議經，況傳注乎？</u>」斯言可以箴談經者之膏肓。

【今按】宋代慶曆年間是經學史上的一個拐點。歐陽修率先發難，范仲淹薦人失誤，疑古之風盛行，學風大變，因此二公難辭其咎。

214

胡銓曰：《詩》《書》《禮》《樂》《易》《春秋》，蓋堯、舜、禹、湯、文、武、周公、孔子數聖人之心法在焉。觀於《易》，則由多識以畜其德；觀於《禮》，則由強識以敦其行；觀於《論語》，則由默識以進乎道，亦識其大者而已。

【探源】此則有併合、訛增之改動。其原本作：

> 今其言曰睹其面無異乎親見其心，不求其裏而求其表也。夫不求其表而求其裏，雖不見猶見也；不求其裏而求其表，雖見猶不見也。且<u>《詩》《書》《禮》《樂》《易》《春秋》，蓋堯、舜、禹、湯、文、武、周公、孔子數聖人之心法在焉</u>，僕之心亦何嘗一日外於是哉！（《又答譚思順書》）

> 學者審其是，則學不可不慎也。<u>觀於《易》，則由多識以畜其德；觀於《禮》，則由強識以敦其行；觀於《語》，則由默識以進乎道</u>，則識不可不慎也。（《答曾充秀才書》）

> 胡銓兩封書信均言及經學經典，朱彝尊即據以剪裁。「亦識其大者而已」，乃朱彝尊所加。然前句論及六經，後句卻論及《易》《禮》《語》（朱彝尊改作《論語》），內容實不相符。（此處參考陳開林《〈經義考‧通說〉引文考辨十則》）

【今按】胡銓（1102～1180），字邦衡，號澹庵。吉州廬陵（今江西吉安）人。南宋名臣、文學家，廬陵「五忠一節」之一，與李綱、趙鼎、李光並稱「南宋四名臣」。諡忠簡。著有《澹庵集》。

【又按】觀《易》以畜德，觀《禮》以敦行，觀《論語》以進乎道，此為古之三觀。不求其表而求其裏，故能識其大；不求其裏而求其表，不能探聖人之心法。

215

王炎曰：士志學，必志乎道。六經，載道之器也。聖人詔天下與後世者甚厚也。故志乎道者，其學自經始。

【探源】王炎《醉經堂記》：<u>士志學，必志乎道。六經，載道之器也。聖人詔天下與後世者甚厚也，故志乎道者，其學自經始。</u>而今之學，非古之學也，士方未得志時，取聖人經伏而讀之，蓋心乎富貴利達也，師弟子之所討論，訓詁之所解釋，與夫出以為新意者，例皆求諸其言，而以為議論文章，陞於鄉，試於禮部，策於庭，幸而在選，眾必指之曰：「是通經者也。」而其人亦以是自居。吁！吾不知夫聖人作經其果為後世求富貴利達者設歟？不然，則以言語求經，是守古人之糟粕也。必於言語之外索焉，然後為有得矣。古人之得志不泰，不得志不戚，蓋進有以行是道，退則以善其身，能於經有得者也。而今之富貴利達者未必能是，其窮而在下者未必不能是。以窮達論學術，君子不與也。吾里程君彥信，隱居以自晦，故非亟於利達者。其人明白簡易，不見圭角，不立町畦，以其行於身者率子弟，故其子弟多良，而又篤以學，儲書於堂，榜之曰醉經。屬記之以識其意。炎曰：是不可不記。嘗聞聖人之經，其法簡以嚴，其文約以典，故學焉而易知；其言淵而微，其味淡而不可厭，故易知而難窮。習之不熟，思之不精，切磋琢磨之不久，藏修遊息之不誠，經之味無能涵泳啜嚌也。予知程君訓子弟，於學者有本，故願為之記，因並書其為學之方以告其子弟，而於富貴利達在所不論，非禁其為彼而強其為此也。熟於經，而有得於道，祿在其中矣。〔註15〕

【今按】王炎（1137～1218），字晦叔，一字晦仲，號雙溪，婺源（今屬江西）人。年十五學為文，乾道五年進士，除太學博士，慶元三年，遷秘書郎。四年，除著作佐郎，兼實錄院檢討官。五年，遷著作郎兼考功郎，兼禮部員外郎。六年，除軍器少監，遷軍器監，主管武夷山沖祐觀。起知饒州，改湖州，不畏豪強，有「為天子臣，正天子法」之語，人多傳誦。然終以謗罷，再奉祠。所居有雙溪，築亭寄興。著有《雙溪類稿》。

【又按】「其言淵而微，其味淡而不可厭，故易知而難窮」。舊日經生溫經，溫故而知新，而今無人習經，經已荒蕪，學殖荒落，無人知其韻味，無人窮其淵微之境界。

〔註15〕明程敏政：《新安文獻志》卷一三。

216

楊萬里曰：有六經，則有異說。劉歆曆法引《武成》咸劉商王之句，鄭氏《詩注》引《伊訓》載孚在亳之辭，荀爽《易解》於乾為木果之後，復有為龍為直之言，桓寬《鹽鐵論》引其政察察之語，以為出於《春秋》。按：《書》《易》《春秋》初無是也。蓋諸儒各出臆見，以其私說簧鼓世俗之觀聽，而聖人之六經化為諸儒之六經矣。

【探源】《宋元學案補遺》卷四四據此錄入，並冠名「誠齋經說」。此實出自《誠齋策問》卷上《問六經疑難》。文本與此多有不同，足資比勘。其文曰：「<u>有六經，即有異說</u>。……諸儒又皆人挾一椎鑿，家築一宮牆，<u>而聖人之六經化為諸儒之六經矣</u>。……嗚呼！漢、唐之世，異端之病經一何紛紛乎！<u>劉歆曆法引《武成》</u>對商王之句，鄭氏書注引《伊訓》載孚在亳之辭，荀爽《易解》於乾為木果之後，復有為龍為直之言，桓寬《鹽鐵論》引其政察察之語，以為出於《春秋》。按《書》《易》《春秋》初無是也</u>。偽書之病經乃爾，天下無聖人故也。」（此條參考陳開林《〈經義考・通說〉引文續考》）

【又按】此條區分「聖人之六經」與「諸儒之六經」。諸儒各出臆見，以其私說簧鼓世俗之觀聽，結果前者已為後者所覆蓋。

217

汪應辰曰：六經典籍，政事之本也。

【探源】明楊士奇等《歷代名臣奏議》卷八：乾道五年十一月，汪應辰上言曰：「臣伏見近日以來，講讀之官進見稀闊，蓋自昔人君有所佚豫，或不留意經典，有所私昵，或不親近儒臣。今陛下省覽庶政，不捨晝夜，非有所佚豫也。延接臣下，不間疏賤，非有所私昵也。特以勤勞政事，故不遑暇於此耳。然臣竊謂：<u>六經之典籍</u>，祖宗之謨訓，此乃<u>政事之本也</u>。因其有所勸誡，而省之於己，則可以致日新之益；因其有所損益，而驗之於今，則可以得時措之宜。」

【今按】朱彝尊於原文有所點竄，刪去了「祖宗之謨訓」，將原意打了對折。

【又按】汪應辰（1118～1176），初名洋，字聖錫，信州玉山（今江西省玉山縣）人。紹興五年（1135）舉進士第一，年甫十八，授鎮東軍簽判。召為秘書省正字。時秦檜主和議，應辰上疏力言因循無備、上下相蒙之可畏，忤檜意，出通判建州。檜死，始還朝。累官吏部尚書，剛方正直，敢言不避，中貴多側目。

以端明殿學士出知平江府，連貶秩，遂致仕不起。精於義理，好賢樂善，學者稱玉山先生。卒諡文定。著有文集五十卷。

【又按】此條論述六經與政事的關係：「因其有所勸誡，而省之於己，則可以致日新之益；因其有所損益，而驗之於今，則可以得時措之宜。」

218

呂祖謙曰：漢儒經學，大抵專門，旁通者少。通《詩》《禮》者后蒼也，通《詩》《書》者徐敖、夏侯始昌也，通《書》《春秋》者胡常也，通《禮》《春秋》者孟卿也，通《詩》《春秋》者申公、江公也，通《易》《詩》者韓嬰也，通《三傳》者尹更始也，五經悉通者王吉、夏侯始昌也，至鄭康成通集諸家之長。

【探源】此則乃朱彝尊竄合而成。改換嚴重，已無復呂祖謙原貌。茲列相關文本如下：

諸經旁通

五經：王蒼通五經，夏侯始昌亦通五經。

《詩》《禮》：后蒼從夏侯始昌通《詩》《禮》。

詩書：徐敖授《書》，胡常又傳《毛詩》。夏侯始昌傳勝《書》，授《詩》轅固。

《書》《春秋》：授胡常《書》。徐敖《古文尚書》。從尹更始傳《左氏》。

《禮》《春秋》：孟卿。嘉父。后蒼《禮》。疏廣《春秋》。

《詩》《春秋》：申公。江公。申公以《詩》《春秋》教授，江公盡能傳之。

《易》《詩》：韓嬰推《詩》意作《外傳》，亦以《易》授人。

三傳：尹更始授蔡千秋《穀梁》，授張禹《左氏》。

漢儒大抵專門，旁通者少。漢世經先出者，不如後世出盛傳於世；《費氏易》，《古文尚書》，《毛詩》，《小戴禮》，《左氏春秋》。大抵秦火後，諸儒差於收攬。初以經名家者，後多不傳，夫子所謂欲速不達。(《東萊呂氏西漢精華》卷十三《藝文志》)

漢儒大抵專門，惟康成最通，集諸家所長，然讖緯亂經，其於西漢專門之害。(《東萊呂氏東漢精華》卷一《統論》)

《西漢精華》卷十二、十三乃討論《漢書·藝文志》之文字，主要羅列各學派之代表人物、傳授淵源等。此則乃改換《諸經旁通》所列譜系的樣式，變更句式；並刪合卷末總論及《東漢精華》論鄭玄的文字，敷衍而成。

另外，朱彝尊撰有《鄭康成不當罷從祀議》，其文曰：

　　西漢學士，大都專治一經，兼經者自韓嬰、申培、后蒼、孟卿、膠東庸生、瑕丘江翁而外，蓋寥寥也。至東漢而兼者漸多，鄭康成出，凡《易》《書》《詩》《周官》《儀禮》《禮記》《論語》《孝經》，無不為之注釋……可謂集諸儒之大成，而大有功於經學者。

　　此《議》所論，與此處經其改換後之引文極為相似。（此處據陳開林《〈經義考‧通說〉引文考辨十則》）

219

又曰：漢經學興廢不以理之是非，而以時之好惡。

【探源】此則乃直錄，見於《東漢精華》關於《賈逵傳》之論述。其文曰：

　　《左氏》自劉歆、陳元爭論未得立，賈逵論之乃得立。漢儒好讖，逵以讖會傅乃得立。<u>經學興廢不以理之是非，而以時之好惡</u>，則漢儒經學可知。（《東萊呂氏東漢精華》卷十《列傳》）（此處參考陳開林《〈經義考‧通說〉引文考辨十則》）

【今按】王應麟《困學紀聞》卷六「左氏」條云：「漢武帝好《公羊》，宣帝善《穀梁》，皆立學官。《左氏》嘗立而復廢。賈逵以為明劉氏之為堯後始得立，不以學之是非，而以時之好惡。末哉，漢儒之言經也！」

220

朱子曰：古之聖人作為六經以教後世：《易》以通幽明之故，《書》以紀政事之實，《詩》以導性情之正，《春秋》以示法戒之嚴，《禮》以正行，《樂》以和心，其於義理之精微、古今之得失，所以該貫發揮，究竟窮極，可謂盛矣。而總其書，不過數十卷，蓋其簡易精約又如此。

【探源】宋朱熹《晦庵集》卷七八《建寧府建陽縣學藏書記》：<u>古之聖人作為六經以教後世：《易》以通幽明之故，《書》以紀政事之實，《詩》以導情性之正，《春秋》以示法戒之嚴，《禮》以正行，《樂》以和心，其於義理之精微、古今之得失，所以該貫發揮，究竟窮極，可謂盛矣。而總其書，不過數十卷，蓋其簡易精約又如此。</u>自漢以來，儒者相與尊守，而誦習之轉相受授，各有家法，然後訓傳之書始出。至於有國家者歷年行事之跡，又皆各有史官之記，於是文字之傳益廣。若乃世之賢人君子，學經以探聖人之心，考史以驗時事

之變，以至見聞感觸有接於外而動乎中，則又或頗論著其說，以成一家之言，而簡冊所載，篋櫝所藏，始不勝其多矣。然學者不欲求道則已，誠欲求之，是豈可以捨此而不觀也哉！而近世以來，乃有所謂科舉之業者，以奪其志，士子相從於學校庠塾之間，無一日不讀書，然問其所讀，則舉非向之所謂者。嗚呼！讀聖賢之言，而不通於心，不有於身，猶不免為書肆，況其所讀又非聖賢之書哉？以此導人，乃欲望其教化行而風俗美，其亦難矣！建陽版本書籍行四方者，無遠不至，而學於縣之學者，乃以無書可讀為恨……

【又按】「學經以探聖人之心，考史以驗時事之變」，旨哉斯言！

221

又曰：世之解經者有三：一儒者之經；一文人之經，東坡、陳少南輩是也；一禪者之經，張子韶輩是也。

【探源】《朱子語類》卷一一：<u>後世之解經者有三：一儒者之經；一文人之經，東坡、陳少南輩是也；一禪者之經，張子韶輩是也。</u>

【今按】朱子總結出經學解釋學的三種模式：一為儒者之解經，二為文人之解經，三為禪者之解經。

222

又曰：諸家說有異同，如甲說如此，且撏扯住甲窮盡其辭，乙說如此，且撏扯住乙窮盡其辭，兩家之說既盡，又參考而窮究之，必有一真是者出矣。

【探源】《朱子語類》卷十一：凡看文字，諸家說有異同處最可觀。<u>謂如甲說如此，且撏扯住甲窮盡其詞，乙說如此，且撏扯住乙窮盡其詞，兩家之說既盡，又參考而窮究之，必有一真是者出矣。</u>

【今按】朱彝尊於原文有所點竄。

【又按】此條論辨析諸家異同的方法。

223

又曰：讀書必先讀《大學》，以定其規模；次讀《論語》，以立其根本；次讀《孟子》，以觀其發越；次讀《中庸》，以求古人之微妙處。

【探源】《朱子語類》卷一四：學問須以《大學》為先，次《論語》，次《孟子》，次《中庸》。《中庸》工夫密，規模大。<u>某要人先讀《大學》，以定其規模；次讀《論語》，以立其根本；次讀《孟子》，以觀其發越；次讀《中庸》，以求</u>

古人之微妙處。《大學》一篇有等級次第，總作一處易曉。宜先看《論語》，卻實，但言語散見，初看亦難。《孟子》有感激興發人心處。《中庸》亦難讀。看三書後方宜讀之。

【今按】朱彝尊於原文有所點竄。

【又按】此條論朱子讀經順序，先讀《大學》以定規模，次讀《論語》以立根本，次讀《孟子》以觀發越，次讀《中庸》以求古人之微妙處。《四書》不可亂讀，否則難以定規模、立根本，胡亂跑馬圈地，腦子裏面只會留下一些亂糟糟的馬蹄印，無法建構起經學的框架體系。

224

又曰：看講解不可專狗他說，不求是非，便道前賢言語皆的當。

【探源】《朱子語類》卷十一：<u>看講解不可專狗他說，不求是非，便道前賢言語皆的當</u>。如《遺書》中語，豈無過當失實處？亦有說不及處。又云：初看時便先斷以己意，前聖之說皆不可入。此正當今學者之病，不可不知。

【今按】此條講解經方法，初看經時既不能先斷以己意，也不可專狗他說。明辨是非才是王道。

225

又曰：治經者必因先儒已成之說而推之，借曰未必盡是，亦當究其所以得失之故，而後可以反求諸心而正其謬。此漢之諸儒所以專門名家，各守師說，而不敢輕有變焉者也。但其守之太拘，而不能精思明辨以求其是，則為病耳。

【探源】宋朱熹《晦庵集》卷六九《學校貢舉私議》：士無不通之經，無不習之史，而皆可為當世之用矣。其治經必專家。法者，天下之理，固不外於人之一心。然聖賢之言則有淵奧爾雅，而不可以臆斷者。其制度、名物、行事本末又非今日之見聞所能及也。<u>故治經者必因先儒已成之說而推之，借曰未必盡是，亦當究其所以得失之故，而後可以反求諸心而正其繆。此漢之諸儒所以專門名家，各守師說，而不敢輕有變焉者也。但其守之太拘，而不能精思明辨以求真是，則為病耳</u>。然以此之故，當時風俗終是淳厚。近年以來，習俗苟偷，學無宗主，治經者不復讀其經之本文與夫先儒之傳注，但取近時科舉中選之文諷誦摹仿，擇取經中可為題目之句以意扭捏，妄作主張，明知不是經意，

但取便於行文，不暇恤也。蓋諸經皆然，而《春秋》為尤甚。主司不惟不知其繆，乃反以為工，而置之高等，習以成風，轉相祖述，慢侮聖言，日以益甚，名為治經，而實為經學之賊，號為作文，而實為文字之妖，不可坐視而不之正也。今欲正之，莫若討論諸經之說，各立家法，而皆以注疏為主。

【今按】「以求其是」，朱熹原文作「以求真是」。守舊者不妨各守師說，而創新者不能守之太拘，應當精思明辨，以求其是。

226

又曰：聖人作經以詔後世，將使學者誦其文，思其義，有以知其事理之當然，見道義之全體，而身力行之，以入聖賢之域也。其言雖約，而天下之故，幽明鉅細，靡不該焉。欲求道以入德者，捨此為無所用其心矣。

【探源】宋朱熹《晦庵集》卷八二《書臨漳所刊四子後》：聖人作經以詔後世，將使讀者誦其文，思其義，有以知事理之當然，見道義之全體，而身體力行之，以入聖賢之域也。其言雖約，而天下之故，幽明鉅細，靡不該焉。欲求道以入德者，舍是無所用其心矣。然去聖既遠，講誦失傳，自其象數、名物、訓詁、凡例之間，老師宿儒尚有不能知者，況於初學小生驟而語之，是亦安能遽有以得其大指要歸也哉！故河南程夫子之教人，必先使之用力乎《大學》《論語》《中庸》《孟子》之書，然後及乎六經，蓋其難易、遠近、大小之序固如此而不可亂也。故今刻四古經，而遂及乎《四書》者，以先後之。且考舊聞，為之音訓，以便觀者。又悉著凡程子之言及於此者，附於其後，以見讀之之法，學者得以覽焉。抑嘗妄謂，《中庸》雖七篇之所自出，然讀者不先於《孟子》而遽及之，則亦非所以為入道之漸也，因竊並記於此云。紹熙改元臘月庚寅，新安朱熹書於臨漳郡齋。

【今按】程朱讀書之法偏於漸悟，為中下者指明路徑，即由四書而五經，先易後難，循序漸進。陸王讀書之法偏於頓悟，為上智者大開方便之門。

227

又曰：《易》《書》《詩》《禮》《樂》《春秋》，孔、孟氏之籍，本末相須，人言相發，皆不可以一日而廢焉者也。

【探源】宋朱熹《晦庵集》卷七八《徽州婺源縣學藏書閣記》：道之在天下，其實原於天命之性，而行於君臣父子兄弟夫婦朋友之間。其文則出於聖人之手，而

存於《易》《書》《詩》《禮》《樂》《春秋》，孔、孟氏之籍，本末相須，人言相發，皆不可以一日而廢焉者也。蓋天理民彝，自然之物，則其大倫大法之所在，固有不依文字而立者。然古之聖人慾明是道於天下，而垂之萬世，則其精微曲折之際，非託於文字亦不能以自傳也。故自伏羲以降，列聖繼作，至於孔子，然後所以垂世立教之具粲然大備，天下後世之人，自非生知之聖，則必由是以窮其理，然後知有所至而力行以終之，固未有飽食安坐，無所猷為，而忽然知之，兀然得之者也。故傅說之告高宗曰：「學於古訓乃有獲。」而孔子之教人亦曰：「好古敏以求之。」是則君子所以為學致道之方，其亦可知也已。然自秦漢以來，士之所求乎書者，類以記誦剽掠為功，而不及乎窮理修身之要，其過之者，則遂絕學捐書，而相與馳騖乎荒虛浮誕之域。蓋二者之蔽不同，而於古人之意則胥失之矣。嗚呼！道之所以不明不行，其不以此與？婺源學官講堂之上有重屋焉，榜曰藏書，而未有以藏。……熹故邑人也，而客於閩，茲以事歸，而拜於其學，則林侯已去而仕於朝矣。學者猶指其書以相語，感歎久之，一旦遂相率而踵門，謂熹盍記其事，且曰：「比年以來，鄉人子弟願學者眾，而病未知所以學也。子誠未忘先人之國，獨不能因是而一言以曉之哉？」熹起對曰：「必欲記賢大夫之績，以詔後學，垂方來，則有邑之先生君子在，熹無所辱命，顧父兄子弟之言又熹之所不忍違者，其敢不敬而諾諸。」於是竊記所聞如此，以告鄉人之願學者，使知讀書求道之不可已，而盡心焉以善其身，齊其家，而及於鄉，達之天下，傳之後世，且以信林侯之德於無窮也。是為記云。淳熙三年丙申夏六月甲戌朔旦，邑人朱熹記。

【今按】朱彝尊於原文有所刪節。

【又按】此記論述「道──聖──經」的關係：道在天下，文出於聖人，而存於六經。

228

李方子曰：昔者《易》更三古，而混於《八索》。《詩》《書》煩亂，《禮》《樂》散亡，而莫克正也。夫子從而贊之，定之，刪之，正之，又作《春秋》，六經始備，以為萬世道德之宗主。

【探源】宋李幼武《宋名臣言行錄外集》卷十二引李方子撰《朱子行實》：道之在天下，未嘗亡也，而統之相傳。苟非其人，則不得而興。自孟子沒千有餘年，而後周、程、張子出焉。歷時未久，浸失其真。及先生出，而後合濂溪之正

傳，紹魯、鄒之墜緒，前聖後賢之道該遍全備，其亦可謂盛矣。蓋昔者《易》更三古，而混於《八索》。《詩》《書》煩亂，《禮》《樂》散亡，而莫克正也。夫子從而贊之，定之，刪之，正之，又作《春秋》，六經始備，以為萬世道德之宗主。秦火之餘，六經既已爛脫，諸儒各以己見妄穿鑿為說，未嘗有知道者也。周、程、張子，其道明矣，然於經言未暇釐正。一時從遊之士或昧其旨，遁而入於異端者有矣。先生於是考訂訛繆，探索深微，總裁大典，勒成一家之言，仰包粹古之載籍，下採近世之文獻，集其大成，以定萬世之法，然後斯道大明，如日中天。

【今按】李方子（1169～1226），字公晦，號果齋，福建邵武人。嘉定七年（1214）中進士第三人。任泉州觀察推官、辰州通判。為人嚴肅謹慎。初見朱熹，朱熹便對他說：「看先生為人定是沉默寡言，但心胸寬闊，律己嚴格。外表平靜，辦事果斷。」著有《禹貢解》《傳道精語》《紫陽年譜》《清源文集》等。

229

　　陳淳曰：讀四子書，毋過求，毋巧鑿，毋旁搜，毋曲引，惟平心以玩其指歸，而切己以察其實用而已。果能於是，融會貫通，由是而稽諸經，與凡讀天下之書、論天下之事，輕重長短，截然一定，自不復有錙銖分寸之或紊矣。

【探源】宋陳淳《北溪大全集》卷十五《讀書次第》：書所以載道，固不可不讀。而聖賢所以垂訓者不一，又自有先後緩急之序，而不容以躐進。程子曰：《大學》，孔氏之遺書，而初學入德之門也。於今可見古人為學次第者，獨賴此篇之存。而《論》《孟》次之，學者必由是而學焉，則庶乎其不差矣。蓋《大學》者，古之大人所以為學之法也。其大要惟曰明明德，曰新民曰，止於至善三者而已。於三者之中，又分而為格物、致知、誠意、正心、修身，以至齊家、治國、平天下者凡八條。大抵規模廣大而本末不遺，節目詳明而始終不紊，實群經之綱領，而學者所當最先講明者也。其次，則《論語》二十篇，皆聖師言行之要所萃，於是而學焉，則有以為操存涵養之實。又其次，則《孟子》七篇，皆醇醇乎仁義王道之談，於是而學焉，則有以為體驗充廣之端。至於《中庸》一書，則聖門傳授心法，程子以為其味無窮，善讀者玩索而有得焉，則終身用之有不能盡者矣。然其為言大概上達之意多，而下學之意少，非初學所可驟語，又必《大學》《論》《孟》之既通，然後可以及乎此，而始

有以的知其皆為實學無可疑也。蓋不先諸《大學》，則無以提挈綱領，而盡
《論》《孟》之精微；不參諸《論》《孟》，則無以發揮蘊奧，而極《中庸》
之歸趣。若不會其極於《中庸》，則又何以建立天下之大本，而經綸天下之
大經哉！是則欲求道者，誠不可不急於讀《四書》。而讀《四書》之法，無
過求，無巧鑿，無旁搜，無曲引，亦惟平心以玩其旨歸，而切己以察其實用
而已。爾果能於是四者融會貫通，而理義昭明，胸襟灑落，則在我有權衡尺
度，由是而進諸經，與凡讀天下之書、論天下之事，皆莫不冰融凍釋，而輕
重長短，截然一定，自不復有錙銖分寸之差矣。嗚呼！至是而後，可與言王
佐事業〔註16〕，而致開物成務之功用也歟？

【今按】朱彝尊於原文有所點竄。

【又按】陳淳（1159～1223），字安卿，亦稱北溪先生。漳州龍溪（今福建龍海）人。
朱熹晚年的得意門生，理學思想的重要繼承者和闡發者。著有《北溪全集》。

【又按】「毋過求，毋巧鑿，毋旁搜，毋曲引，惟平心以玩其指歸，而切己以察其實
用」，這是讀四書的方法，也是讀經書的方法，甚至是讀所有書的方法。惟
有如此，才能融會貫通。

230

劉爚曰：治道原於士風，士風本於學術。周衰，孔子取先王之大經大法，
與其徒誦而傳之，雜見於六經。千載之後，學者習焉。故以事父則孝，以事君
則忠。

【探源】宋真德秀《西山文集》卷四一《劉文簡公神道碑》：召為國子司業，始見諸
生，首誨以立身行己為先，毋顓意程試，汲汲利祿。進對言：「治道原於士
風，士風本於學術，古者司徒之職，典樂之官，今學官之任也。周衰，孔子
取先王之大經大法，與其徒誦而傳之，雜見於六經。自漢以來，雖曰崇儒，
然漢儒之陋，訓詁益詳，而義理益晦，故韓愈《原道》曰：軻之死，不得其
傳。謂其精微之旨不傳也。藝祖皇帝於干戈甫定之餘，召處士王昭素講《易》
禁中，累聖相承，以為先務，治教休明，儒宗間出，然後六經遺旨，孔、孟
微言復明於千載之後。天下學者誦而習之，以《論語》《孟子》為門，《大學》
《中庸》為準，故其事父則孝，事君則忠。世之所謂道學者也，慶元以來，
權佞當國，惡人議己，指道為偽，屏其人，禁其書，十餘年間，學者無所依

〔註16〕王佐事業，《嚴陵講義》作「內聖外王之道」。

向，義利不明，趨向污下，人慾橫流，廉恥日喪，望其既仕之後，職業修，
名節立，不可得也。乞降明詔，慶元以來名以偽學，而禁其書，指揮更不施
行，息邪說，正人心，使學知本原，士風歸厚，實宗社之福。」

【今按】朱彝尊於原文有所點竄。

【又按】劉爚（1131～1216），原名劉詔，字晦伯，號雲莊居士，建寧崇安（今福建
建陽縣）人。師從朱熹和呂祖謙。乾道八年中進士，授山陰主簿。累遷國子
祭酒，拜刑部侍郎，封建陽縣開國男，署理工部尚書。卒贈金紫光祿大夫，
諡號文簡。李清馥《閩中理學淵源考》卷二七有傳。

【又按】此論「治道──士風──學術」三者的關係。「十餘年間，學者無所依向，
義利不明，趨向污下，人慾橫流，廉恥日喪」，這是說宋代嗎？怎麼好像說
現在？

231

又曰：帝王之學，當本之《大學》，探之《中庸》，參之《論語》《孟子》，
然後質之《詩》《書》，玩之《周易》，證之《春秋》，稽之《周官》，求之《儀
禮》，博之《禮記》，於修身治天下之道，猶指掌矣。

【探源】此則出自朱衡《道南源委》。該書六卷，專門記錄伊洛之學在閩中的傳衍以
及閩學自宋及明的淵源流變。卷一有關於劉爚的介紹，其文曰：「爚字晦伯，
子勉長子。……權刑部尚書，兼右庶子，仍兼講讀於東宮。言：『帝王之學，
當本之《大學》，探之《中庸》，參之《論語》《孟子》，然後質之《詩》《書》，
玩之《周易》，證之《春秋》，稽之《周官》，求之《儀禮》，博之《禮記》，
而又通之歷代之史、《通鑒》之書，以知古今之得失，君臣之事鑒，則物格
知至，意誠心正，於修身治平之道，猶指掌矣。』」另外，明何喬遠《閩書》
卷九六《英耆志》中有劉爚小傳，亦載有此則文字。（此處參考陳開林《〈經
義考·通說〉引文續考》）

【今按】朱彝尊於原文有所刪節點竄。

【又按】帝王之學講治道，故與經學、史學密切相關。「本之《大學》，探之《中庸》，
參之《論語》《孟子》，然後質之《詩》《書》，玩之《周易》，證之《春秋》，
稽之《周官》，求之《儀禮》，博之《禮記》，而又通之歷代之史、《通鑒》之
書」，如此始可與言帝學矣。

232

周孚曰：聖人之經，其以為名，皆因舊而不改。《易》之為《易》，《書》之為《書》，《詩》之為《詩》，聖人未出，其名固已如是。至於《春秋》，則猶三經也，晉謂之《乘》，楚謂之《檮杌》，魯謂之《春秋》，錯舉四時，以為之名，聖人何加損焉？

【探源】宋周孚《蠹齋鉛刀編》卷二一《春秋講義‧春秋》：<u>聖人之經，其所以為名，皆因舊而不改。《易》之為《易》，《書》之為《書》，《詩》之為《詩》，聖人未出其名，固已如是。至於《春秋》，則猶三經也，晉謂之《乘》，楚謂之《檮杌》，魯謂之《春秋》</u>，編年之書也，<u>錯舉四時，以為之名，聖人何加損焉？</u>且聖人之所以為後世戒者，在其所書之事，而不在其名也。

【今按】「其以為名」，原文作「其所以為名」。

【又按】周孚（1135～1177），字信道，先世濟南，寓居丹徒。七歲通《春秋》。為詩初學陳師道，進而學黃庭堅，俱能得其遺矩。常與辛棄疾贈答。乾道二年（1166）進士。官真州教授。孚詩不事雕繪，詞旨清拔，近於自然。講究「活法」和「悟入」，深受江西詩派的理論影響。著有《蠹齋鉛刀編》。

233

陳騤曰：六經之道既曰同歸，六經之文容無異體。故《易》文似《詩》，《詩》文似《書》，《書》文似《禮》。《中孚》九二曰：「鳴鶴在陰，其子和之。我有好爵，吾與爾（縻）〔靡〕之。」使入《詩》雅，孰別爻辭？《抑》二章曰：「其在于今，興迷亂于政。顛覆厥德，荒湛于酒。女雖湛樂從，弗念厥紹。罔敷求先王，克共明刑。」使入《書》誥，孰別雅語？《顧命》：「牖間南向，敷重篾席，黼純，華玉，仍几。西序東向，敷重底席，綴純，文貝，仍几。東序西向，敷重豐席，畫純，雕玉，仍几。西夾南向，敷重筍席，玄紛純，漆，仍几。」使入《周官》司几筵，孰別命語？

【探源】語見宋陳騤《文則》卷上。

【今按】陳騤，字叔進，台州臨海人。紹興二十四年（1154）進士。累官將作少監、守秘書少監，知秀州、寧國府、太平州等。紹熙三年三月（1192）權禮部尚書，六月同知樞密院事，四年二月（1193）參知政事。寧宗時，宗室趙汝愚為右丞相，兩人意見不協。韓侂胄以策立功擅大權，也對陳騤不滿。於是騤不久致仕。著有《中興館閣錄》《文則》等。

234

又曰：經傳之文有相類者，非故出於蹈襲，實理之所在，不約而同也。

【探源】宋陳騤《文則》卷下：大抵經傳之文有相類者，非固出於蹈襲，實理之所在，不約而同也。略條於後，則可推矣。

235

高似孫曰：《書》紀事，《詩》考俗，《春秋》以明道，《禮》《樂》以稽政……《易》之作，極聖人之蘊奧，而天下無遺思矣。

【探源】宋高似孫《子略》卷二《老子總論》：卦始於羲，重於文王，成於孔子，天人之道極矣，究人事之始終，合天地之運動，吉凶悔吝，禍福興衰，與陰陽之妙，迭為銷復。有無相乘，盈虛相蕩，此天地之用，聖人之功也。《易》有憂患，此之云乎？《書》紀事，《詩》考俗，《春秋》以明道，《禮》《樂》以稽政，往往因其行事，書以記之者也。《易》之作，極聖人之蘊奧，而天下無遺思矣。老子之學，於道深矣，反覆其辭，鉤研其旨，其造辭立用，特欲出於天地範圍之表，而道前古聖人之所未道者。然而不出於有無相乘，盈虛相蕩之中，所謂道者，蓋羲皇之所鑿，周孔之所貫，豈復有所增損哉？六經之學，立經垂訓，綱紀萬世。老氏用心，又將有得於六經之外，非不欲返世真淳，挈民清淨，然善用之者，蓋可為黃昊，為唐、虞；其不善用之，則兩晉齊梁之弊有不可勝言者。此非言者之過也。世之言老氏者，往往以為其道出於虛無恬漠非道之實而病之，其又偏矣。太史公所謂「尊孔氏者則黜老子，尊老子者則黜孔氏」，柳宗元獨曰：「老子，孔子之異流也，不得以相抗。」何斯言之審且安也。揚雄氏《太玄》則曰：「孔子文足者也，老君玄足者也。」淵乎斯言。

【今按】高似孫（1158～1231），字續古，號疏僚，寧波府鄞縣（今浙江寧波）人。孝宗淳熙十一年（1184）進士。著有《疏僚小集》、《剡錄》、《子略》、《蟹略》、《騷略》、《緯略》等。事蹟見《南宋館閣續錄》卷八、《宋史翼》卷二九。

236

又曰：漢人以通五經為重。其曰「五經無雙許叔重」，許慎也；「五經縱橫周宣光」，周舉也；「五經紛綸井大春」，井丹也；「五經興復魯叔陸」，魯丕也。

【探源】宋高似孫《緯略》卷七「通五經」：后蒼，東海人，事夏侯始昌，通五經。蔡玄，汝南人，學通五經。帝徵拜議郎，講論五經異同。井丹，扶風人，受業太學，通五經。魯丕，字叔陵，兼通五經，為當世大儒（見《東觀漢記》）。張霸，博覽五經，孫琳、劉固等並慕之。<u>漢人往往以通五經為重，其曰「五經無雙許叔重」，許慎也；「五經縱橫周宣光」，周舉也；「五經紛綸井大春」，井丹也；「五經復興魯叔陵」，魯丕也</u>，皆得通五經。

【今按】朱彝尊於原文有所刪節點竄。

237

真德秀曰：六經於五常之道無不包者，班固乃以五常分屬於六藝，是《樂》有仁而無義，《詩》有義而無仁也。

【探源】宋真德秀《西山讀書記》卷二四：戰國以來，辯士之說勝，而不根諸理，流俗惑之，至漢猶然。故揚子發此論，然於五經之指未能大有發明也。其後，班氏作《藝文志》有云：「六藝之文，《樂》以和神，仁之表也；《詩》以正言，義之用也；《禮》以明體，明者著見，故無訓也。《書》以廣聽，知之術也，《春秋》以斷事，信之符也。五者，蓋五常之道，相須而備，故《易》為之原。」夫<u>六經於五常之道無不包者，今以五常分屬於六藝，是《樂》有仁而無義，《詩》有義而無仁也</u>，可乎哉？大率漢儒論經鮮有得其指要者，反不若莊生之當於理也。

【今按】朱彝尊於原文有所刪節點竄。

【又按】真德秀（1178～1235），本姓慎，因避孝宗諱改姓真。始字實夫，後更字景元，又更為希元，號西山。建寧府浦城（今福建浦城）人。學者稱西山先生。慶元五年（1199）進士，官拜參知政事，旋即逝世，謚文忠。著有《真文忠公集》《大學衍義》。

238

又曰：古者君臣上下共由六經之道。上之所以為教者，此也；下之所以為學者，此也。

【探源】宋真德秀《西山讀書記》卷二四：程子論經解，說見前，然朱子於論《易》則曰：《易》初未有物，只是懸空說出。當其未有卦畫，則渾然一太極。在人，則喜怒哀樂未發之中，一旦發出，則陰陽吉凶事事都有在裏，人須就至虛靜

中見得這道理周遍通瓏方好。若先靠定一事說，則滯泥不通。此所謂潔靜精微，《易》之教也。其序《呂氏詩記》，亦謂其有意於溫柔敦厚之教，則朱子之於斯言蓋深取之。《注疏》之辭多未粹。愚謂，古者君臣上下共由六經之道。上之所以為教者，此也。下之所以為學者，此也。上因性以為教，下亦因學以成性，故觀其國之俗，即知其君之教。學《詩》則能感發其性情之正，故其為人溫和而柔順，敦篤而厚重；學《書》則通知古今治亂之理，故其為人疏明不滯，而所見者遠。《樂》以導和，故學之者開廣而博大，平易而溫良。《易》道簡潔精深，《禮》主於恭儉莊敬，故學之者各得之而成其德。《春秋》連屬其辭，比次其義，以寓是非褒貶之指，故凡能如是者必有得於《春秋》者也。

239

又曰：古之學者學一經必有一經之用，其視後世通經之士徒習章句訓義而無益於性情心術者何如哉！

【探源】宋真德秀《西山讀書記》卷二四：古之學者學一經必得一經之用，其曰為人則氣質俱化，習與性成矣，其視後世通經之士徒習章句訓義而無益於性情心術者何如哉！然人各有所偏，醇厚者於智或不足，故其失愚；疏達者於言或易發，故其失誣。博大者易以奢廣，峻潔者易以深刻，恭敬者或煩勞而不安樂。屬辭比事而不至者，則善惡或至繆亂，故必矯其失而後有以全，其得亦如古者教胄之意也。曰「《詩》之失」「《書》之失」云者，蓋言學經者之失，非謂經之有失也。

【今按】朱彝尊於原文有所點竄。

【又按】學一經必有一經之用，古代學者念茲在茲，講究經世致用。後世通經之士徒習章句，忘記經世致用之初心，只究小學，忘了大學，撿了芝麻，丟了西瓜，辜負了學者的使命。

240

魏了翁曰：自圖書出於河洛，天地之秘始露。迨八卦畫，九疇敘，六經作，而天地之文備矣。

【探源】宋魏了翁《鶴山集》卷三九《漢州開元觀記》：自圖書出於河洛，而天地之秘始露。迨八卦畫，九疇敘，六經作，而天地之間備矣。以言乎天下之賾，至於陰陽變化，遠而莫御矣。而卒歸於默成而信，存乎德行，所以體物，而

不可遺以言乎？聖人之道，至於峻極於天，大而亡以加矣，而不遺乎？禮儀三百，威儀三千，所以範其化，而不過凡，皆貫顯微，該體用，形而上者之道，初不離乎形而下者之器，雖關百聖，歷萬世而無弊，焉可也。後世九流之士，往往執一偏以求道，得本則遺末，循粗而失精，亦豈無高明卓異之士遊於其間者？惟其誠明異致，道器殊歸，殆將不免於賢與知者之過，而惡睹夫天地之大全也哉？且道家者流，其始不見於聖人之經，自老聃氏為周柱下史，著書以自明其說，亦不過恬養虛應，以自淑其身者之所為爾，世有為老氏而不至者，初無得於其約，而徒有慕乎其高直，欲垢濁斯世，妄意於六合之外求其所謂道者，於是神仙荒誕之術或得以乘間抵巇，而蕩搖人主之侈心，歷世窮年，其說猶未泯也。嗚呼！道其不明矣。

【今按】「天地之文」，原文作「天地之間」。明胡直《胡子衡齊》卷一引文同。

【又按】魏了翁（1178～1237），字華父，號鶴山，邛州蒲江縣（今屬四川成都）人。慶元五年（1199）進士，封臨邛郡開國侯，諡文靖。著有《鶴山全集》《九經要義》《經史雜鈔》《師友雅言》等。提出「心者人之太極，而人心已又為天地之太極」。

【又按】天地之文即天地之心。

241

應鏞曰：樂正崇四術以訓士，則先王之《詩》《書》《禮》《樂》其設教固已久。《易》雖用於卜筮，而精微之理非初學所可語。《春秋》雖本於紀載，而策書亦非民庶所得盡窺。故《易象》《春秋》，韓宣子適魯始得見之，則諸國之教未必盡備六者，蓋自夫子刪定贊繫筆削之餘，而後傳習始廣，經術流行。

【探源】宋衛湜《禮記集說》卷一一七：金華應氏曰：醇厚者未必深察情偽，故失之愚。通達者未必篤確誠實，故失之誣。寬博者未必嚴立繩檢，故失之奢。沉潛思索，多自耗蠹，且或害道；弄筆褒貶，易紊是非，且或召亂。<u>樂正崇四術以訓士，則先王之《詩》《書》《禮》《樂》其設教固已久。《易》雖用於卜筮，而精微之理非初學所可語。《春秋》雖本於紀載，而策書亦非民庶所得盡窺。故《易象》《春秋》，韓宣子適魯始得見之，則諸國之教未必盡備六者，蓋自夫子刪定贊繫筆削之餘，而後傳習滋廣，經術流行。</u>夫子既廣其所傳，而又慮其所敝，故有此言。然入其國，即知其教，非見遠察微者不能也。觀其教，即防其失，非慮遠防微者不能也。

【今按】應鏞，字子和，城南隅應家樓人。先祖應嵩南渡由開封徙蘭溪，至鏞有六
　　　　世。慶元五年（1199）中進士。又登博學宏詞科。官至太常寺卿，知開州。
　　　　著有《尚書約義》《禮記纂義》《應子和文集》。以經制之義解經，務求經世
　　　　致用。以詩聞名，人稱「三紅秀才」。

【又按】應鏞曰：「醇厚者未必深察情偽，故失之愚。通達者未必篤確誠實，故失之
　　　　誣。寬博者未必嚴立繩檢，故失之奢。沉潛思索，多自耗蠧，且或害道；弄
　　　　筆褒貶，易紊是非，且或召亂。」這一段對人性的分析相當深刻，可謂入木
　　　　三分。

242

　　戴栩曰：《詩》壞於衛宏之《序》，《春秋》誤於公羊之《傳》，《易》由於
三聖繫爻、彖、象之互入，《書》失於孔壁《序》《傳》簡編之相亂，《周禮》
特周公大約之書，當時有未必盡行者。

【探源】明代徐象梅《兩浙名賢錄》卷一《碩儒》中有「戴栩傳」，黃宗羲《宋元學
　　　　案》卷五五《水心學案》附「戴栩」條，均載有此語。

【今按】《四庫全書總目》卷一六二《浣川集》提要：「今考其說，惟謂『《周禮》特
　　　　周公大約之書，當時未必盡行』，其立論頗為有識。至於謂『《詩》壞於衛宏
　　　　之《序》，《春秋》誤於公羊之《傳》，《易》由於三聖繫爻、彖、象之互入，
　　　　《書》失於孔壁《序》《傳》簡編之相亂』，大抵南宋諸人輕詆漢儒之餘唾，
　　　　雖不存可也。」宋熊朋來《經說》卷二「禹貢」條云：「《禹貢》在《尚書》
　　　　家為典之攝，何以曰夏書而不列於虞書？不稱舜而稱禹也，作司空，平水土，
　　　　堯老舜攝之時也。玄圭告功，舜即位之時也。宅揆陳謨，皆言平水土之功，
　　　　則《禹貢》宜在宅揆陳謨以前，其不見收於虞史，謂之夏書，蓋救民於洪水
　　　　之中者，舜之心也，取民於平水之後者，非舜之心也，故禹之對舜，僅言利
　　　　用厚生以相民，不敢以貢賦利國為功，如厎慎財賦，成賦中邦，亦惟《禹貢》
　　　　言之，典謨初無是言，況《禹貢》九州九山，而舜分十二州十二山，注謂禹
　　　　治水之後，舜分冀為幽、并，分青為營，禹所畫州地，舜猶改定，則所定貢
　　　　賦，在舜之時亦未必盡行也。」《日講禮記解義》卷一三：「《周禮》為周公
　　　　之書，而在當時未必盡行。必欲合《孟子》《王制》而一之，即其說愈棼，
　　　　而終無確據。如《明堂位》言封周公於曲阜地方七百里，以開方法計之為方
　　　　百里者四十九，當得王畿千里之半，是豈可信哉？」

【又按】戴栩，字文子，宋永嘉人。嘉定元年（1208）進士，累官太學博士、秘書郎、衡州知府，終官湖南安撫司參議官。學於葉適，得其旨要，文章法度能守師傳；詩與「永嘉四靈」相近。著有《五經說》《諸子辯論》《東甌郡要略》《浣川集》等。

【又按】宋人疑古之風甚盛，又好議論，南宋諸人尤喜輕詆漢儒。戴栩拾人牙慧，對漢儒進行了一場集中開火，而《四庫提要》對他的評價比較到位。

243

洪咨夔曰：《易》者，文之太極也。《詩》《書》《禮》《樂》《春秋》《論語》，文之兩儀也。

【探源】洪咨夔《平齋文集》卷九《著圖書所記》：余誦天隨子《杞菊賦》，愛之，因取「著圖書所」名閒居之室。菊坡為灑其扁，廉頑立懦之風可挹也。嘗言曰：結繩以前未有書，有書自《易》三畫始。《易》在天地之先，而畫顯於一陰一陽之後。陽奇為乾，陰耦為坤，陰陽奇耦之畫交而文生焉。故《易》者，文之太極也。《詩》《書》《禮》《樂》《春秋》《論語》，文之兩儀也。諸子之有見於道有補於世教者，文之四時、五行、三辰也。太史之紀錄、先儒之訓詁、文人才士之撰著、騷人墨客之賦詠、公卿大夫之論奏、百家異端、稗官小說，各求自表於世，其融為江河，峙為山嶽，散為風雲雨露，磔裂為草木之華、昆蟲之鳴，不知其幾也，而總之為圖書，其出於河洛者，蓋其元也。前代書皆褚素傳抄，至五季始有六經墨版，國初又刊司馬遷、班固、范曄諸史，以幸學者猶未盡然也，今則靡書不版矣。手抄之得難，版傳之聚易。得之難則讀之力，聚之易則有書不讀。如前輩之慮蓋多，然亦有由也。士未一命，晨窗向白，執編而長哦，夜膏欲涸，掩卷而紬繹，莫非所謂科舉之文，書非不讀也，而讀非其書，及既一命矣，日以司空城旦從事，神疲力瘁於簿書文墨中，書不暇讀矣。為士而讀非其書，為吏而書不暇讀，勇於學問者顧不爾，而力與心違，類不能不爾。故惟不士不吏而後可以力於書。余家合新故書亡慮萬餘帙，放斥還山，無場屋之冗，無官府之勞，書於此而不讀，真不讀矣。郤萬紛以保靜，揩雙眵而就明，日課一編，心領大義，老退雖不能強記，如苗得溉，生意亦新。《易》曰：「君子多識前言往行以蓄其德。」厚其入而不輕其出，是之謂蓄。蓄之極而至於何天之衢，亨則上達矣，未蓋棺之日月，尚勉之！（此處參考陳開林《〈經義考・通說〉引文續考》）

【今按】洪諮夔（1176～1236），字舜俞，於潛人。嘉泰二年（1202）進士。歷官端明殿學士。著有《春秋說》。事蹟具《宋史》本傳。

【又按】洪諮夔此論經與文的關係，將《易》視為文之太極，將《詩》《書》《禮》《樂》《春秋》《論語》視為文之兩儀，凸顯了《易》的地位與作用。《易》為五經之源，擬之為太極，善哉善哉！

244

方鎔曰：家庭日用起〔居〕無非六經之道。

【探源】《嘉靖淳安縣志・儒林傳》《宋元學案・北山四先生學案》均載此語。

【今按】《宋元學案・北山四先生學案・朱學續傳・奉直方先生鎔》：方鎔，字伯冶，淳安人。少以詞章名，兩魁郡試。後棄去，盡心聖賢知行之學。每曰：「人與天地對立者，文藝云乎哉！」日訓諸子，所講明必以窮理盡性為先，至於應事接物，則以持敬實踐為功。其教不言而躬行，不見其有的然之#，而家庭日用起居無非六經之道。暨二子逢辰、逢振前後登第，乃曰：「吾昔以為不足為者，今吾兒為之，爾曹勿謂足也。」二子及第，後授宣教郎，歷官奉直大夫、兩淮制置司參謀官。（參《兩浙名賢錄》）

245

包恢曰：理備於經，經明則理明矣。

【探源】此則出自包恢《戴復古詩集序》。其文曰：「理備於經，經明則理明。」（此處參考陳開林《〈經義考・通說〉引文續考》）

【今按】包恢（1182～1268），字宏父，江西建昌人。嘉定十三年（1220）進士，歷官刑部尚書，簽書樞密院事，封南城縣侯，以資政殿學士致仕，卒贈少保，諡文肅。事蹟具《宋史》本傳。其《敝帚稿略》八卷已抄入《四庫全書》。

246

方岳曰：六經四十三萬字。

【探源】宋方岳《秋崖集》卷十四《贈背書人王生》：我無王書二千六百紙，空有六經四十三萬字。荒山寒入雪夜燈，三十年來無本子。壁魚不生糊法死，君欲如何染君指。石爐煮餅深注湯，自向胸中相料理。

【今按】方岳（1199～1262），字巨山，字元善，號秋崖，又號菊田。徽州祁門（今屬安徽）人，一說台州寧海（今屬浙江）人。紹定五年（1232）進士，授淮

東安撫司幹官。淳祐中以工部郎官充任趙葵淮南幕中參議官。後調知南康軍。
後因觸犯賈似道，被移治邵武軍。後知袁州，因得罪權貴丁大全，被彈劾罷
官。後復被起用知撫州，又因與賈似道的舊嫌而取消任命。經明行修，隱居
不仕，以詩名世。著有《秋崖集》《深雪偶談》。

247

羅璧曰：六經皆根人事而作，《周易》著吉凶悔吝之理，《春秋》錄是非
善惡之跡，《毛詩》載政教美刺之分，《尚書》陳唐、虞、三代之治，《禮記》
威儀之詳備，《周禮》制度之纖悉，《論語》立身行己之大防，《孟子》發明王
道之極致，無有空言者。

【探源】羅璧《識遺》卷二《經根人事作》：司馬遷謂古人有激而作書，曰：「西伯拘
而演《周易》，仲尼厄而作《春秋》，屈原放逐，乃作《離騷》，左丘失明，
厥有《國語》，孫子臏腳，《兵法》修列，不韋遷蜀，世傳《呂覽》，韓非囚
秦，《說難》《孤憤》，《詩》三百篇，大抵聖賢發憤之所為。」遷罹腐刑，故
有此言。即其言推之，太康失邦，而五子作歌；太甲不明，而伊尹有訓；三
監亂周，而周公作誥；孟子不遇齊梁，患楊墨，而述七篇；仲舒、劉向下獄，
而著《說苑》《新序》《繁露》《玉杯》等書；柳子厚、劉禹錫、李白、杜甫，
皆崎嶇厄塞，發為詩章。遷之言信而有證也。然考六經、《語》《孟》，皆根
人事作。《周易》著吉凶悔吝之理，《春秋》錄是非善惡之跡，《毛詩》載政
教美刺之亂，《尚書》推唐、虞、三代之懿，《禮記》威儀之詳備，《周禮》
制度之纖悉，《論語》立身行己之大方，《孟子》發明王道之極致，無有空言
者。所謂補治道而為經，豈專舒憂洩憤之為哉！

【今按】羅璧（1244～1309），字子蒼，自號默耕，新安人。少年從軍，官至利州西
路馬步軍副總管。入元，為明威將軍、管軍總管，鎮守金山、上海等地。著
有《識遺》十卷。事蹟具《元史》本傳。

【又按】羅璧認為「六經皆根人事而作」，「所謂補治道而為經」，已經認識到經書與
經學的經世功能。經以經世，八經如同八仙過海，各顯神通：《周易》講吉
凶悔吝之理，《春秋》記是非善惡之跡，《毛詩》論政教美刺之分，《尚書》
述唐、虞、三代之治，《禮記》陳威儀之詳，《周禮》究制度之微，《論語》
闡明立身之大要，《孟子》發明王道之極致。

248

林駉曰：聖人六經與天地並。漢自中世以來，上以表章自任，下以授受名家，朝廷之上，非經不能立事，搢紳之間，非經不敢建議。賈捐之請勿擊珠厓，王商則曰：「經義何以處？」龔勝之奏王嘉，公孫祿則曰：「君議一無所據。」一時君臣相與從事於經學，亦善矣。董仲舒曰：「元年謹始之意，勉時君之初政。」儁不疑以蒯聵出奔之事，辨一時之疑獄。以此立論，豈不為聖經之幸？若夫來歸自鎬，我行永久，《詩》雖有是言，而無關於邊功也，乃援之以頌陳湯之功。何泥也！乃眷西顧，此維與宅，《詩》雖有是語，初無關於郊祀也。乃取以定南北郊，何鑿也！甚者欲附姦臣，則援不語怪力亂神之言（《張禹傳》），欲行榷酤，則援有酒酤我之文，欲奪民利，則援《周禮》五均之法（《王莽傳》），假託以文奸，援引以濟私，是先王學術反為禍天下之具也。

【探源】宋黃履翁《古今源流至論別集》卷五「援經」論儒生援經之謬：嘗謂漢儒有明經之功，而不無泥經之失；有援經之言，而不無假經之過。夫聖人六經與天地並。正為立民極之地，而後儒反假託以文奸，援引以濟私，是先王學術反為禍天下之具也。且漢自中世以來，上以表章而自任，下以授受而名家。朝廷之上，非經不能立事。縉紳之間，非經不敢建議。賈捐之請勿擊朱厓，王商則曰：「經義何以處？」（本傳）龔勝之奏王嘉，公孫祿則曰：「君議無一所據。」（《王嘉傳》）一時君臣相與從事於經學之間，意亦善矣。如董仲舒以元年謹始之義，而勉時君之初政。（董仲舒傳）儁不疑以蒯聵出奔之事，而辨一時之疑獄。（《儁不疑傳》）以此立論，豈不為聖經之幸？惜其考究之不精，講明之不熟，往往以《詩》《書》為發蒙，是則可歎也已。自今觀之，來歸自京，我行永久。《詩》雖有是言，而無關於邊功也，乃援之以頌陳湯之功（《陳湯傳》劉向云），何泥也！乃眷西顧，此維與宅，《詩》雖有是語，初無關於郊祀也，乃取之以定南北郊，何鑿也！（《匡衡傳》），推遯卦不效，以必考課，不可謂無得於《易》。然房之法煩碎已甚，人皆能言其非，豈必得推卦而知其不行乎？（《京房傳》）用諮十二牧而罷刺史，不可謂無得於《書》。然刺史之法，以卑臨尊，正上下相維之意，豈可泥於十二牧之法而罷之乎？（《何武傳》）古者夷狄來朝，坐之國門之外，丞相霸援荒服之義當矣，而或者乃假《長發》之詩而從位單于於諸侯王之上，抑何與經戾也！（《蕭望之傳》）古者天子之於丞相，右坐為起，左與為下，況於百官乎？司直尊

上公之說當矣，或者意慢丞相，乃託尊上人之言以自文，抑何背戾之甚也！（《涓勳傳》）。<u>甚者欲附姦臣，則援其不語怪力亂神之言；（《張禹傳》）欲行權酤，則援其有酒酤我之文；欲奪其利，則援周禮五均之法。（《王莽傳》）</u>是又借聖經以為殺人之術也。雖然，漢儒固有過矣，而過亦不先也。自左氏以賦《詩》之語而定人之禍福，以占《易》之言而論事之吉凶，於是《詩》流入於五際，專持子午卯酉以驗人事，《易》流入於五行，專類淫巫瞽史以決疑心，推波助瀾，漢儒尤甚，是左氏作俑之過也。

【今按】林駉，字德頌，寧德人。清修苦學，穎悟力學，九經注釋，暗記成誦，尤習當代典故。嘉定九年以《易》魁鄉薦，著書授徒，鄰境爭迎師之，歲聚徒以百數。其事蹟見《閩書》。著有《古今源流至論》前集十卷、後集十卷、續集十卷。

【又按】此處亦張冠李戴。《古今源流至論別集》的作者為宋黃履翁。履翁字吉父，字吉甫，號西峰，福建寧德人。理宗紹定五年（1232）進士。事見清乾隆《寧德縣志》卷七。

【又按】朱彝尊於原文有所刪改，順序也有所調換，不忠實於原文，不足為憑。

【又按】「借聖經以為殺人之術」，這是歷史的經驗教訓。現在借項目或文章以為殺人之術，層層審批，結果弄出來了審批學術與等級學術！審批學術與等級學術不僅沒有將學術引向學術自由的正道，反而成為學術自由的敵人，腐蝕學術風氣，降低學者人格。

249

又曰：聖經不幸於後世者三，曰議經，曰僭經，曰叛經。夫以聖人之經，天地鬼神不能易，而易之者諸儒也。孔子不敢議「夏五」、「郭公」之疑，游、夏高弟不敢一辭之措。莊周，異端之流，猶知尊聖人之教。君子以是知議經、僭經、叛經者之罪矣。

【探源】宋林駉《古今源流至論後集》卷八：經學<u>聖經不幸於後世者三，曰議經，曰僭經，曰叛經。</u>而秦人焚焰之罪不與焉。噫！可歎也。嚴矣哉！<u>聖人之經，天地鬼神不能易，而易之者諸儒也。</u>嗚呼！諸儒之輕易聖經自若也，而諸儒之罪豈能逃於後世哉？自其有議經之說也，《書》則疑伯益之事，《史通》疑伯益之死為啟所誅。《記》則辨《月令》之非。鄭康成云：「名曰《月令》者，以其記十二月政之所行也。本《呂氏春秋》十二月紀之首章也。」又云：「其中官名、時事不合周法。」……

夫以聖人作經，猶不敢議夏五、郭公之疑，而況於後儒乎？噫！以蠡測海，妄窺涯涘。君子知議經者之過，自其有僭經之說也。

【今按】朱彝尊於原文有所刪改。

【又按】議經、僭經、叛經之外，更有荒經、廢經、燒經！善哉《弟子規》曰：「祖宗雖遠，祭祀不可不誠；子孫雖愚，經書不可不讀。廢經廢倫，治安敗壞根由。」窮經考義，勿雜荒經之談。近代以來，荒經蔑古，士氣日囂，人心日浮，文化式微。果欲恢復中國傳統文化，首須端學術以正人心。

250

王應麟曰：《記》之《經解》，指《詩》《書》《禮》《樂》《易》《春秋》之教，未始正六經之名。《莊子·天運篇》始述老子之言曰：「六經，先王之陳跡。」實昉乎此。太史公《滑稽傳》以《禮》《樂》《詩》《書》《易》《春秋》為六藝，而班史因之。又以五學配五常，而《論語》《孝經》並紀於《六藝略》中。自時厥後，或曰五經，或曰六經，或曰七經。至唐貞觀中，谷那律淹貫群書，褚遂良稱為「九經庫」，九經之名又昉乎此。其後，明經取士，以《禮記》《春秋左傳》為大經，《詩》《周禮》《儀禮》為中經，《易》《尚書》《春秋》《公》《穀》為小經，所謂九經也。國朝方以三傳合為一，又舍《儀禮》而以《易》《詩》《書》《周禮》《禮記》《春秋》為六經，又以《孟子》升經，《論語》《孝經》為三小經，今所謂九經也。

【探源】語見宋王應麟《玉海》卷四二《藝文·經解·總六經》。

【今按】王應麟（1223～1296），字伯厚，號深寧居士，又號厚齋，慶元府鄞縣（今浙江省寧波市鄞州區）人。博學多才，學宗朱熹，涉獵經史百家、天文地理，熟悉掌故制度，長於考證。淳祐元年進士，寶祐四年復中博學鴻詞科。官至禮部尚書。南宋滅亡以後，他隱居鄉里，閉門謝客，著書立說。著有《困學紀聞》《玉海》《小學紺珠》《深寧集》《詩地理考》等。

251

又曰：漢世經先出者，不如後出盛傳於後世，《費氏易》《古文尚書》《毛詩》《小戴禮》《左氏春秋》是也。

【探源】宋王應麟《漢藝文志考證》卷四：唐氏曰：「漢世經先出者，不如後出盛傳於後世。《費氏易》《古文尚書》《毛詩》《小戴禮》《左氏春秋》，大抵初以經

名家者，後多不傳，所謂欲速不達。」晁氏曰：「典籍之存，詁訓之傳，皆
《漢書》之力，《漢書》於學者何負？而例貶之歟？」

【今按】漢世經先出者反而不如後出盛傳於後世，王應麟發現的這一怪現象，現在轉
　　　　換為——先出之傳世文獻反而不如後來之出土文獻盛傳於世。出土文獻無論
　　　　真偽皆足以引起轟動，甚至混淆視聽，而傳世文獻卻得不到足夠的重視。這
　　　　是否與中國人的喜新厭舊、獵奇好異的心理有關呢？

252

又曰：自漢儒至於慶曆間，談經者守訓故而不鑿。《七經小傳》出，而稍尚
新奇矣。至《三經義》行，視漢儒之學如土梗。古之講經者執卷而口說，未嘗
有講義也。元豐間，陸農師在經筵始進講義，自時厥後，上而經筵，下而學校，
皆為支離曼衍之辭。說者徒以資口耳，聽者不復相問難，道愈散而習愈薄矣。

【探源】語見宋王應麟《困學紀聞》卷八。

【今按】《七經小傳》，北宋劉敞撰寫的傳記，全稱《公是先生七經小傳》，是宋儒以
　　　　義理說經的代表之作。《七經小傳》計三卷。其所收七經係指《尚書》《毛詩》
　　　　《周禮》《儀禮》《禮記》《公羊傳》和《論語》。《三經義》，即王安石所撰寫
　　　　的《三經新義》。新舊之爭確實是經學史上的主要問題，經學解釋學也存在
　　　　新舊兩派——漢學派守訓故，宋學派尚新奇。新舊兩派歷來形同水火，至今
　　　　沒有跳出這一怪圈。

253

又曰：六經即聖人之心，隨其所用，皆切至理。

【探源】宋王應麟《困學紀聞》卷三：《大學》止於至善，引《詩》者五，齊家引《詩》
　　　　者三。朱子謂詠歎淫液，其味深長，最宜潛玩。《中庸》末章凡八引《詩》，
　　　　朱子謂衣錦尚絅至不顯惟德，始學成德之序也，不大聲以色至無聲無臭，贊
　　　　不顯之德也，反覆示人至深切矣。《孝經》引《詩》十，引《書》一。張子
　　　　韶云：多與《詩》《書》意不相類，直取聖人之意而用之，是六經與聖人合，
　　　　非聖人合六經也。或引或否，卷舒自然，非先考《詩》《書》而後立意也。
　　　　<u>六經即聖人之心，隨其所用，皆切事理</u>，此用經之法。

【今按】聖人已經不在，我們不能啟聖人於地下而問之，只有通過六經文本探求聖人
　　　　之心。孔子引經解經使用斷章取義之法，朱子亦然，如此用經之法是否「隨
　　　　其所用，皆切事理」？

254

葉時曰：六經更秦火，而不全者多矣。《書》亡四十三篇，《周雅》亡六篇，《周禮》六官缺一，河間獻王求《考工記》以足其書。嗟夫！《書》亡而張霸偽書作，《詩》亡而束皙補詩作，適資識者捧腹爾，曾是《考工記》而可補禮經乎？

【探源】宋葉時《禮經會元》卷四下「補亡」：六經更秦火，缺裂而不全者多矣。《書》亡四十三篇，《周雅》亡六篇，《魯雅》亡六篇，不獨《周禮》為然。夫秦人之心何心哉！已則不行先王之道，而恐天下後世之人執經以議已，故取聖經而置之烈焰，使後世不及見全書，安得不追仇於秦火之酷？雖然，六經無全書，固可以為秦人之罪，而《周禮》一經不得其全，不可獨咎秦人也。蓋自王道既衰，伯圖迭起，入春秋以來，周公之禮雖不盡用，而猶可盡傳。《周禮》之經雖不盡行，而猶可盡見。戰國暴君污吏將欲肆其所為，以求遂其所欲，惡其害己而去其籍，故至孟子之時，井田之問，爵祿之問，孟子已不得其詳。戰國諸侯之酷，蓋已先秦火矣。漢室龍興，山岩屋壁之間稍稍間出。《周禮》六官缺一而五存，天之未喪斯文，亦幸矣。河間獻王得之，不啻如□圭璧，不吝千金，重賞募求全書，獻王之意厚矣。然全書竟不可致。獻王悵之，乃求《考工記》以足其書，謂可以備《周官》之缺，不知以《考工記》而補《周禮》，何異拾賤醫之方以補盧扁之書？庸人案之，適足為病。五官尚存，武帝且以為末世瀆亂不驗之書，則武帝之忽略聖經，未必不自《考工記》一篇啟之也。嗟夫！《書》亡而張伯偽書作，《詩》亡而束皙補詩作，適資識者一捧腹爾。曾謂《考工記》而可補禮經乎？且百工細事爾，固非《周官》所可無，而於《周官》設官之意何補？又況秋官有典瑞玉人，不必補可也，夏官有量人匠人，不必補可也，天官有染人鍾氏、幌氏，雖缺何害乎？地官有鼓人、鮑人、韗人，雖亡何損乎？雖無車人，而巾車之職尚存。雖無弓人，而司弓矢之職猶在。匠人溝洫之制已見於遂人、鼓人，射侯之制已見於射人，有如攻皮之工五，既補以三，而又闕其二，不知韋氏、裘氏豈非天官司裘掌皮之職乎？《周禮》無待於《考工記》，獻王以此補之，亦陋矣！大抵獻王之補亡也，漢儒之習未脫也。《樂記》一篇欲以備樂書之闕，《考工記》一篇欲以補禮書之亡，獻王之見然爾。然而《周禮》廢興有不係是。昔者仲孫湫來省魯難，退而曰：魯秉周禮，未可動也。且魯當春秋之時，非能盡秉周禮者也。然於周禮雖未能盡用，苟未至於盡亡，而亦可以立國。《周

禮》六官雖缺其一，不猶愈於盡亡乎？後世誠能因五官之存而講求周禮之遺典而施行焉，則西周之美可尋矣，而況冬官之書雖亡，冬官之意實未嘗亡也。太宰事典以富邦國，以任百官，以生萬民，小宰事職以富邦國，以養萬民，以生百物，則事官之意在《周禮》可考也。《書》之《周官》亦曰：司空掌邦土，居四民，時地利，則司空之意在周官可覆也。觀此，則司空職雖亡而未嘗亡，《考工記》不必補也。愚既以《考工記》為不必補，則區區百工之事亦不必論也。

【今按】朱彝尊於原文有所刪改。

【又按】葉時，字秀發，南宋錢塘石馬兜人。宋淳熙進士，官至吏部尚書。著有《禮經會元》《竹野詩集》。

【又按】《考工記》是否可補禮經？我們暫且不論，但《考工記》的價值決不在禮經之下。考工學也是自成方圓，自有其價值。

255

方回曰：近世以《老》注《易》，以《六典》傳《尚書》，以《三禮》箋《詩》，以《司馬法》釋《周禮》，以災異讖緯說《春秋》，以鄭、衛淫聲制《樂》，真學者之大不幸也。

【探源】待考。

【今按】方回（1227～1305），字萬里，徽州歙縣人。宋理宗時登第，初以《梅花百詠》向權臣賈似道獻媚，後見似道勢敗，又上似道十可斬之疏，得任嚴州（今浙江建德）知府。元兵將至，他高唱死守封疆之論，及元兵至，又望風迎降，得任建德路總管，不久罷官，即徜徉於杭州、歙縣一帶，晚年在杭州以賣文為生，以至老死。罷官後，致力於詩，選唐、宋近體詩，加以評論，取名《瀛奎律髓》。

【又按】宋馬廷鸞《碧梧玩芳集》卷十四《題趙德亮詩論後》：「著雍困敦之歲，青陽載熙，積陰驟霽，玩芳病叟讀《易》至未濟終焉，而廬山趙德亮遠以其《刪詩要論》來，叟扶病讀之，撫而歎曰：『深乎德亮之為是書也！其援據精，故其說辨；其感慨極，故其味長。』或曰：『鄭康成以《三禮》箋《詩》，儒者未之許也。今君以《春秋》評《詩》，可乎？』余應曰：『不然。《詩》《春秋》皆史也。序之言曰：國史明乎得失之跡。以《春秋》評《詩》，詎謂不然？六經惟《詩》《春秋》當自其變者觀之，康衢之謠，虞廷之歌，果詩之

本始乎？詩之興也，諒不於上皇之世，先儒有是言矣。達事懷舊，俗詩之所為作也。』」

【又按】《周禮‧春官‧大司樂》：「凡建國，禁其淫聲、過聲、凶聲、慢聲。」鄭玄注：「淫聲，若鄭衛也。」三國魏阮籍《樂論》：「夫正樂者，所以屏淫聲也，故樂廢則淫聲作。」

【又按】「以《老》注《易》，以《六典》傳《尚書》，以《三禮》箋《詩》，以《司馬法》釋《周禮》，以災異讖緯說《春秋》，異質性的學術可以碰撞出新的思想火花，這些比較研究的路數是完全值得提倡的，並非「學者之大不幸」。至於「以鄭、衛淫聲制《樂》」，確乎君子不宜。

256

張卿弼曰：聖賢之學，載在六經，明於日月。漢、魏以來，諸儒或以讖緯為奧，或以老、莊為高，使異端百家之說與六經參錯於天地之間千有餘年，自濂、洛諸公之出，辭而闢之，廓如也。

【探源】元虞集《道園學古錄》卷八《藍山書院記》：藍山書院者，弋陽張君卿弼之所作也。卿弼字希契，故宋時繇太學登咸淳戊辰進士第，除福州司戶，辟充教授，用舉者員足，改官仕至興化倅，而宋亡，歸弋陽，隱居不出，門生弟子從受業者甚眾。郡邑方內附學校多廢，僉提刑按察司事王公某強起之，至縣學以為師，縣人士翕然來從之，乃新作縣學。江東宣慰使王公某又迎至郡學以為師，以教一郡六邑之人。又作郡學，於是有列薦之於朝者，非其志也，即攝衣而歸……某曰：「昔者子之大父之在斯堂也，何以為教乎？」純仁曰：「蓋嘗聞諸大父之執友矣，其誨學者曰：聖賢之學載在六經，明於日月。漢、魏以來，諸儒或以讖緯為奧，或以老、莊為高，使異端百家之說與六經參錯於天地之間千有餘年。自濂、洛諸公之出，辭而闢之，廓如也。窮鄉晚進之士，或無良師友，已未有端識，而或驟遇舊說，見其汪洋恣睢，將無迷誘而陷溺者乎？遍取傳記百十家，擇其合於修己之學，而不墮於清虛治人之方，而不雜於術數者，輯而錄之，名曰《六經精義》，凡數百卷，獨恨未及成書而卒耳……」

【今按】經學與讖緯的關係、經學與諸子的關係、經學與理學的關係都是經學史上的複雜而重要問題，至今仍然沒有完全理清，所謂「廓如」云云，不過意氣用事而已。

257

蔣岩曰：道之大原出於天。天有是道而不能言，故託諸聖人言之。《易》《書》《詩》《禮》《樂》《春秋》，此聖人之言，而天地之道也。非《易》無以立天地之心，非《書》無以紀帝王之跡，《詩》以導風俗之美，《春秋》以嚴王霸之辨，《禮》以節民，《樂》以和人。用是訓天下，萬世一日不可廢，豈無用之空言哉？

【探源】出自蔣岩《重修尊經閣記》。其文曰：「道之大原出於天。……厥天有是道而不能言，故託諸聖人言之。《易》《書》《詩》《禮》《樂》《春秋》，此聖人之言，而天地之道也。非《易》無以立天地之心，非《書》無以紀帝王之跡，《詩》以導風俗之美，《春秋》以嚴王霸之辨，《禮》以節民，《樂》以和人。用是訓天下，萬世一日有不可廢，豈無用之空言哉？」（此條參考陳開林《〈經義考‧通說〉引文續考》）

【今按】董仲舒曰：「道之大原出於天。天不變，道亦不變。」蔣岩據此立論，以為聖人是天地之道的代言人，六經之言即聖人之言，聖人之言即天地之道。「經——聖——道」的詮釋學路徑是通過以聖人為中介來實現的。現代絕經去聖，道亦不復存矣。

258

又曰：以《通書》讀《易》，可以會太極。以《經世書》觀《洪範》，可以建皇極。《中庸》之慎獨，可以位天地、育萬物。《大學》之致知，可以齊家、治國、平天下。《論語》一書無非言仁，《孟子》七篇無非道性善。

【探源】出自蔣岩《重修尊經閣記》。其文曰：「以《通書》讀《易》，可以會太極。以《經世書》觀《洪範》，可以建皇極。《中庸》之慎獨，可以位天地、育萬物。《大學》之致知，可以齊家、治國、平天下。《論語》一書無非言仁，《孟子》一書無非道性善。」（此條參考陳開林《〈經義考‧通說〉引文續考》）

259

馬端臨曰：秦燔經籍，而獨存醫藥、卜筮、種樹之書，學者抱恨終古。然以今考之，《易》與《春秋》二經本末具存。《詩》亡其六篇，或以為《笙詩》原無其辭，是《詩》亦未嘗亡也。《禮》本無成書，《戴記》雜出漢儒所編。《儀禮》十七篇及《六典》最晚出，《六典》僅亡冬官，然其書純駁相半，其存亡

未足為經之疵也。獨虞、夏、商、周之書亡其四十六篇爾。然則嬴秦所燔,除
《書》之外,俱未嘗亡也。若醫藥、卜筮、種樹之書,當時雖未嘗廢錮,而並
無一卷流傳至今者,以此見聖經賢傳終古不朽,而小道異端雖存必亡,初不
以世主之好惡為之興廢也。

【探源】語見馬端臨《文獻通考‧自序》。

260

王柏曰:六經雖同一道,而各有體,猶四時均一氣,而各有用。

【探源】宋王柏《魯齋集》卷十六《經傳辨》:自咸陽三月之焰熄,而經已灰。後世
不幸,而不得見聖人之全經也久矣。出於煨燼之餘者,率皆傷殘毀裂,而不
可綴補。經生學士不甘於缺疑,而恥於有所不知。又不敢誦言其為傷殘毀裂
之物,於是研精極思,剖剔黈訂,雕刻藻繢,日入於詭,而傷殘毀裂之書,
又從而再壞矣。江左儒先,尊經過厚,而忘其再壞,乃以為先王之教未經踐
蹂,巋然獨全者,惟風雅頌而止耳。又謂聖人慾以詩人之平易而救五經之支
離,孰知後世反以五經之支離而變《詩》之平易,是殆不然。當《三百篇》
之全之時,而五經未嘗碎缺。當五經之支離,而《詩》亦未嘗平易。又以後
世傷殘毀裂之經視聖人完全嚴密之經,又非所以言聖人之時之經也。<u>六經雖
同一道,而各有體,猶四時均一氣,而各有用</u>。此皆天理之不容已,雖聖人
亦不可得而以意損益之也。聖人初何容心以此救彼哉?若彼待此救,則各有
一偏,則聖人之經在聖人之時已非全書矣。於理有所未通,然《詩》之為教
所以異於他經者自有正說。當周之初,雖有《易》,而本之卜筮。雖有《書》,
而藏之史官。《儀禮》未嘗著,《周官》未頒,麟未出,而《春秋》未有朕兆
也。周公祖述虞舜,命夔典樂之教,於是詔太師教以六詩,是以《詩》之為
教最居其先。然其所以為教者,未有訓故傳注之可說,不過曰此為風,此為
雅頌,此為比興,此為賦而已。使學之者循六義而歌之,玩味其詞意,而涵
泳其性情,苟片言有得,而萬理冰融,所以銷其念慮之非,而節其氣質之雜,
莫切於此。此《詩》之所以為教者然也。漢之劉歆,得見聞之,近乃謂《詩》
萌芽於文帝之時,一人不能獨盡其經,或為雅,或為頌,相合而成,吾故知
各出其諷誦之餘,追殘補缺,以足三百篇之數耳,烏得謂之獨全哉?自是以
來,承訛踵陋,訓詁傳注之學日盛,而六義之別反堙。至程夫子始曰:「學
《詩》而不分六義,豈能知《詩》之體?」其門人謝氏又曰:「學《詩》須

—140—

先識六義體面，而諷詠以得之。」故朱子亦以為古今聲詩條理無出於此，是
以於《詩集傳》每章之下分別比、興、賦之三義，而風、雅、頌姑從其舊，
非謂風、雅、頌部分已明而不當易也，亦非謂於六義中風、雅、頌可緩而不
必辨也。特以其無所考驗而難於定耳。朱子且難於定，後世孰從而定之哉？
間嘗竊思朱子之作《易本義》也，因晁氏《古易》，復其經傳之舊，於以正
後世離經合傳之繆，以是知周公之《詩》與夫子之《詩》必不雜出於風、雅、
頌之中，夫子未刪之前，周公之《詩》雖或龐雜，猶幸正變之說尚存。於既
刪之後，故敢祖是例以析之。詳味其正經之旨，則漢儒殽亂之病不待疏駁而
自見矣。昔朱子嘗謂分《詩》之經，分《詩》之傳，此說得之呂伯恭，而朱
子因立此例於《楚詞集注》。今推本二先生之意，而為是編，因著其所疑於
前，以待有道者正之。

【今按】王柏（1197～1274），字會之，少慕諸葛亮為人，自號長嘯，三十歲後以為
「長嘯非聖門持敬之道」，遂改號魯齋。婺州金華人。諡文憲。柏著述繁富，
有《詩疑》、《書疑》等，大多已佚。其詩文集《甲寅稿》亦已佚，明正統間
六世孫王迪裒集為《王文憲公文集》二十卷，由義烏縣正劉同於正統八年
（1443）刊行。事見《續金華叢書》本卷末附《王文憲公壙誌》，《宋史》卷
四三八有傳。

261

陳普曰：五經四書無一句一字無義理。

【探源】宋陳普《石堂先生遺集》卷八《問天地人何以謂之三極又何以謂之三才》：
五經四書無一句一字無義理。古今諸儒注釋講明其亦詳矣，而惟三極、三才
四字以入思惟，講論者猶未多也。此四字肇見於夫子《十翼》之《繫辭》《說
卦》。書窗之下，燈火之前，惟韓康伯嘗以三極為三才，王肅以為陰陽柔剛
仁義，陸德明以極為至，程子以為中，惟朱文公以三極為三才各一太極，其
說為至當，而亦未及詳也。北溪陳安卿《字義》用文公之說己善，而後段說
極字多未當，蓋亦未深明也。至於三才，則未聞有一語及之者，蓋亦熟於口
耳，而未暇深思。否則，亦嘗有之，而淺學未之見聞也夫。所謂極者，義理
度分當然之至極，不可有毫釐損益之謂也。損益之則為病，而不可以行。所
以天地之間，自天地以下，凡有義理度分之物，千古萬古而不少變，何者？
理之至極不可得而變，而變之則為病，此堯、舜禹之所以執其中，而子思之

所謂至者也，有形體之至極，有義理之至極。天之高也，圓也，動也，亦理之當然，而不可損益也……（此條參考陳開林《〈經義考・通說〉引文續考》）

【今按】陳普（1244～1315），字尚德，別號懼齋，福建寧德石塘人。所居有石堂山，學者稱石堂先生。理宗淳祐甲辰生，元延祐乙卯卒。少壯時銳然有經世志，謂三代之治莫善井田，作書數千言，欲上於朝屬，不仕而止。宋亡不仕，閉門授徒，自成學派，著有《四書句解鈐鍵》《學庸旨要》《孟子纂圖》《周易解》《尚書補微》《四書六經講義》《渾天儀論》《天象賦》《詠史》《詩斷》等書，達數百卷，大都亡逸。明嘉靖中閔文振輯其存者，為《石堂遺集》四卷，已收入《四庫全書存目叢書》。

【又按】陳普曰：「性命、道德、五常、誠敬等字，在四書六經中，如斗極列宿之在天，五嶽四瀆之在地，捨此不求，更學何事？」李清馥《閩中理學淵源考》卷四十《福寧陳石堂先生普學派》：「按《經義考》：閔氏文振作傳曰：『石堂先生聞恂齋韓氏倡道浙東，負笈之會稽，從之遊，韓之學出慶源輔氏，朱門高弟也，淵源所自，屹為嫡派，故其學甚正。嘗曰：聆韓先生夜誦《四書》，如奏九韶，令人不知肉味。故其用功，本諸《四書》。《四書》通，然後求之六經云。』又張清恪公《困學錄》曰：『石堂學求自得，其用功求之六經，不貴文辭，不急利祿，惟真知實踐，求無愧於聖賢。』馥嘗考先生在莆十八年，受徒講學，晚年所造益高，出其門者皆能衍續其緒餘，讀《字義》諸編，可見源流所本矣。」

262

又曰：五經傳注豈可無？視其是與非足矣，豈宜一切屏之？

【探源】《宋元學案》卷六十四引《答上饒遊翁山書》：（陳）普讀書不多，於象山、平山未能悉其表裏，姑據來示一二則，其於思、孟、程、朱之大義已有胡越參辰之擬，謂朱似伊川，陸似明道，朱似伊川，則有之矣；陸似明道，豈不以陸之持敬有類於終日危坐如泥塑人者邪？又豈不以明道未嘗著書，而陸鄙薄傳注似之，抑謂陸亦元氣之會能有龍德正中氣象邪？明道不壽，不及有書，伊川得年，以有《易傳》。若如陸說，則《易傳》為虛作，而大小程異趣矣。《詩》《書》《易》《禮》四書，微周、程、朱學者，至於今猶夜行耳。據當時，則朱之訓詁為可矣。由今觀之，則朱之《四書》《詩》《書》《禮》《易》是邪？非邪？可有邪？不可有邪？漢儒性命之學微，正坐不識性命耳，不以

傳注熾也。<u>五經傳注豈可無？但視其是與非足矣，豈宜一切屏之？</u>若高洋斬亂絲，不問其是非曲直，但與之一劍哉？六經注我，莊生之流傲忽之辭；六經注我，而我於六經之義仍猶有所未明，何哉？未辨太極面目，而遽斥無極之非。未詳於《易》，而遽目《易》為注我，此所為傲忽者也。先立其大，則必略其小，而迷於下學上達之途矣。且有小德出入之弊，近日有磨礪大節，至其平居，則放言縱慾致犯清議者，此說開之也。大概陸學多犯朱書明辨是非處。《論語注》中所謂力行而不學文，則無以考聖賢之成法，識事理之當然，而所行或出於私意。又曰：子夏之言其意善矣，然其流之弊將或至於廢學。必若上章夫子之言，然後為無弊也。又曰：不切則磋無所施，不琢則磨無所措。故學者雖不可安於小成，而不求造道之極致，又不可騖於虛遠，而不察切己之實病也。《中庸注》中所謂賢者行之過以道為不足，知此道之所以常不明也。《大學或問》中所謂不知眾理之妙而無以窮之，則褊狹固滯，而無以盡此心之全。又曰：藏形匿影，別為一種幽深恍惚艱難阻絕之論，務使學者莽然措其心於文字語言之外，而曰道必如此而後可以得之。又曰：先其大者，不若先其近者之為切也。又曰：今日格一物，明日格一物，凡此無非程子之言者，諸家所記程子之言，此類不，不容皆誤，不知何所病而疑之，豈其習於持敬之約，而厭觀理之煩邪？《孟子注》中所謂告子之不動心，殆亦冥然無覺，悍然不顧而已耳。凡此皆陸學氣象多相似。（此條參考陳開林《〈經義考・通說〉引文續考》）

263

曹淇曰：聖經賢傳無非示天下後世以當行之道。食之必用五穀，衣之必用桑麻，所以開悟後學者無以易此。

【探源】待考。

【今按】蘇軾《上神宗皇帝書》云：「自古役人必用鄉戶，猶食之必用五穀，衣之必用絲麻，濟川之必用舟楫，行地之必用牛馬，雖其間或有以他物充代，然終非天下所可常行。」曹淇「食之必用五穀，衣之必用桑麻」顯然因襲蘇軾之語。

264

《六經奧論》曰：六經厄秦，殘編斷簡。口授壁藏，遺文僅見。是以《禮》籍無傳，曲臺撰述。《樂》書淪沒，河間采獻。科斗古文，遭難不傳。《泰誓》

偽書，公行射策。李氏五篇，幸存於世。《考工》有記，強足《周官》。《易》托卜筮，爻繫俱全。《說卦》一篇，曷傳女子？《詩》因歌頌，篇次無缺。《由庚》六義，豈得無辭？解經比事，體制不同。筆錄口傳，煩省亦異。道之與貌，制而為儀。委曲三千，古人所重。或東都而論定，或晉室而書顯。或至於唐，而後篇第字義始得其倫理。甚矣！厄於秦之易，而出於漢之難也。

【探源】語見《六經奧論·總文·序》。

【今按】由庚，逸篇名。《詩·小雅·由庚序》：「《由庚》，萬物得由其道也。」後因以「由庚」為順德應時之典實。南朝齊王儉《褚淵碑文》：「弘二八之高甍，宣《由庚》而垂詠。」《文選·束晢之四》：「由庚，萬物得由其道也。」李善注：「由，從也；庚，道也。言物並得從陰陽道理而生也。」唐劉禹錫《吏部侍郎奚公神道碑》：「嗟乎！天不遐其福而孤民望，使《由庚》之什不作於貞元中，惜也。」

265

又曰：唐貞觀中，孔穎達奉詔撰《五經正義》，與馬嘉運等參議〔註17〕，於《禮記》《毛詩》取鄭，於《尚書》取孔《傳》，於《易》取王弼，於《左氏》取杜預。自《正義》作，而諸家之學始廢。獨疑《周禮》《儀禮》非周公書，不為義疏。其後永徽中，賈公彥始作《儀禮》《周禮義疏》。本朝真宗又詔邢昺校定《周禮》《儀禮》《公羊》《穀梁正義》，於是九經之義疏始備。仁宗朝，歐陽文忠公上言曰：「自唐太宗詔名儒定《九經正義》，邇年以來，著為定論，不本《正義》者為異說。然所載既博，所擇不精，多引讖緯之說以相雜亂，異乎《正義》之名。臣欲乞特賜詔諸臣儒學官悉取九經之疏，刪去讖緯之文，使經義純一，無所駁雜。其用功至多，為益最大。」使歐陽刪定《正義》，必有大可觀者，惜乎其不果行也。

【探源】語見《六經奧論·總文》。

【今按】「其用功至多，為益最大」，歐陽修原文作「其用功至少，其為益則多」。《經義考新校》將此語置於引號之外，不明起訖。

【又按】歐陽修《論刪去九經正義中讖緯劄子》是一篇重要的經學文獻，全文如次：
「臣伏見國家近年以來，更定貢舉之科，以為取士之法，建立學校，而勤養士之方。然士子文章未純，節行未篤，不稱朝廷勵賢興善之意，所以化民成

〔註17〕《六經奧論·總文》原注：「恐止於《易》。」

俗之風。臣愚以謂士之所本，在乎六經。而自暴秦焚書，聖道中絕。漢興，收拾亡逸，所存無幾，或殘編斷簡出於屋壁，而餘齡昏耗得其口傳。去聖既遠，莫可考證，偏學異說，因自名家，然而授受相傳，尚有師法。暨晉、宋而下，師道漸亡，章句之篇，家藏私畜，其後各為箋傳，附著經文。其說存亡，以時好惡，學者茫昧，莫知所歸。至唐太宗時，始詔名儒撰定九經之疏，號為《正義》，凡數百篇。自爾以來，著為定論，凡不本《正義》者謂之異端，則學者之宗師，百世之取信也。然其所載既博，所擇不精，多引讖緯之書以相雜亂，怪奇詭僻，所謂非聖之書，異乎正義之名也。臣欲乞特詔名儒學官，悉取九經之疏，刪去讖緯之文，使學者不為怪異之言惑亂，然後經義純一，無所駁雜。其用功至少，其為益則多。臣愚以謂欲使士子學古勵行而不本六經，欲學六經而不去其詭異駁雜，欲望功化之成，不可得也。伏望聖慈下臣之言，付外詳議。今取進止。」

<h2 style="text-align:center">266</h2>

李世弼曰：道散而有六經，六經散而有子、史。子、史之是非，取證於六經；六經之折衷，必本諸道。⋯⋯國家所以稽古重道者，以六經載道，所以重科舉也。後世所以重科舉者，以維持六經，能傳帝王之道也。

【探源】元王惲《秋澗集》卷九七《玉堂嘉話》卷五引李世弼《金登科記序》云：<u>道散而有六經，六經散而有子、史。子、史之是非，取證於六經；六經之折衷，必本諸道</u>。道也者，適治之路，天下之理具焉，二帝三王所傳是已。三代而上，道見於事業，而不在乎文章。三代而下，道寓於文章，而不純於事業。故鄉舉里選，取人之事業也。射策較藝，取人之文章也。兩漢以經術取士，六朝以舉薦得人，莫不稽舉於經傳子史焉。隋合南北，始有科舉，自是盛於唐，增光於宋，迄於金，又合遼、宋之法而潤色之，卒不以六藝為致治之成法。進士之目，名以鄉貢進士者，本周之鄉舉之遺意也。試之以賦義策論者，本漢射策之遺法也。金天會改元（1123），始設科舉，有詞賦，有經義，有同進士，有同三傳，有同學究，凡五等詞賦，於東西兩京，或蔚朔平顯等州，或涼庭試，試期不限定，日月試處亦不限定。州府詞賦之初，於經傳子史內出題，次又令逐年改一經，亦許注內出題，以《書》《詩》《易》《禮》《春秋》為次，蓋循遼舊也。至天眷三年（1140），析津府試，迨及海陵天德三年（1151），親試於上京，貞元二年（1154）遷都於燕，自後止試於析津府收遼宋之後。

正隆二年（1157），以五經三史正文內出題。明昌二年（1191），改令群經、子、史內出題，仍與本傳。此詞賦之大略也。經義之初詔試真定府，所放號七十二賢榜。迨及蔚州析津，令《易》《書》《詩》《禮》《春秋》專治一經內出題，蓋循宋舊也。天德三年（1151），罷去經義及諸科，止以詞賦取人。明昌初詔復興經義。此經義之大略也。天眷二年（1139）令大河以南別開舉場，謂之南選。貞元二年（1154）遷都於燕，遂合南北通試於燕。正隆二年（1157）令每二年一次，開闔立定程限，月日更不擇日，以定為例。府試初分六路，次九路，後十路。此限定月日分格也。天德二年（1150）詔舉人鄉、府、省、御四試中第。明昌三年（1192）罷去御試，止三試中第。府試五人取一名，合試依大定間例，不過五百人，後以舉人漸多，會試四人取一名，得者常不下八九百人，御試取奏旨。此限定場數人數格也。自天眷二年（1139）析津放第於廣陽門西一僧寺門上唱名，至遷都後命宣陽門上唱名，後為定例。此唱名之格也。明昌初五舉終場，人直赴御試不中者，別作恩榜，賜同進士出身。會元御試不中者，令榜末安插。府元被黜者，許來舉直赴部。初，貞祐三年（1215）終場人年五十以上者便行該恩。此該恩之格也。大定三年（1163）孟宗獻四元登第，特授奉直大夫，第二第三人授儒林郎，餘皆從仕郎，後不得為例。明昌間以及第者多，第一甲取五六人，狀元授一十一官，第二第三人授九官，餘皆授三官。此授官之法也。進士第一授丞簿軍防判，第二任縣令。此除授之格也。近披閱金國登科，顯官升相位及名卿士大夫間見迭出，代不乏人，所以翼贊太平，如大定、明昌五十餘載，朝野閑暇，時和歲豐，則輔相佐祐，所益居多，科舉亦無負於國家矣。是知科舉豈徒習其言說、誦其句讀、擒章繪句而已哉！篆刻雕蟲而已哉！固將率性修道，以人文化成天下，上則安富尊榮，下則孝悌忠信，而建萬世之長策。科舉之功不其大乎！<u>國家所以稽古重道者，以六經載道，所以重科舉也。後世所以重科舉者，以維持六經，能傳帝王之道也。</u>科舉之功不其大乎！庚子歲季秋朔日，東原李世弼序。〔註18〕

〔註18〕明楊慎《升菴集》卷三《雲南鄉試錄序》：「大道散而有六經，六經散而有諸子。諸子之是非取裁於六經，六經之刪修折衷乎聖道。三代而上，道見於事業，而流衍於文章。三代以還，道寓於文章，而不純於事業。故鄉舉里選，取其事業矣，敷奏明揚，取其文章也。兩漢以經術對策取士，六朝以品薦詞華甄人。隋合南北，始有科舉。最盛於唐，增光於宋，而其得人之效，視三代邈矣。」（載明賀復徵《文章辨體匯選》卷三二二）今按：此為明人抄襲前人之佳例。

【今按】李世弼認為：「後世所以重科舉者，以維持六經，能傳帝王之道也。科舉之功不其大乎！」他講清楚了科舉與六經及帝王之道的關係，認識到科舉「率性修道，以人文化成天下」的積極方面，有助於全面認識科舉的作用。

【又按】李世弼，金東平須城人。嘗受孫明復《春秋》，得其宗旨。金宣宗貞祐初，三赴廷試不第，推恩授彭城簿，抑鬱不樂，復求試。時子李昶年十六，已能文。興定間父子廷試，皆中第。後為東平教授。著有《登科記》。

267

黨懷英曰：六藝者，夫子所以傳唐、虞、三代之道，眾流之所從出，而儒為之源也。

【探源】明昌六年翰林學士黨懷英《金重修至聖文宣王廟碑》：皇朝誕膺天命，累聖相繼，平遼破虜，合天下為一家，深仁厚澤，以福斯民。粵自太祖，暨於世宗，撫養生息，八十有餘年，庶且富矣。又將教化，而粹美之主，上紹休祖宗，以潤色洪業為務，即位以來，留神幾政，革其所當革，興其所當興，飭官厲俗，建學養士，詳刑法，議禮樂，舉遺修，舊新美，百為期，與萬方同歸於文明之治，以為興化致理，必本於尊師重道，於是奠謁先生，以身先之。嘗謂侍臣曰：昔者，夫子立教於洙泗之上，有天下者所當取法。乃今遺祠久不加葺，且甚隘陋，不足以稱聖師之居。其有以大作新之有司承詔度材，庀工計所當費，為錢七萬六千四百緡，詔並賜之，仍命選擇幹臣，典領其役，役取於軍，匠傭於民，不責急成，而責以可久，不期示侈，而期於有制。凡為殿堂廊廡門亭齋廚饗舍三百六十餘楹，位序有次，像設有儀，表以傑閣，周以崇垣，至於梐座欄楯幬罘罳之屬，隨所宜設，莫不嚴具，三分其役，因舊以全。加葺者什居其一，而增創者倍之。蓋經始於明昌二年春，逾年而土木基架成。越明年，而髹漆彩繪成。先是，郡弟子及先儒像畫於兩廡，既又以揑塑易之。又明年，而眾功皆畢，罔有遺焉。上既加恩闕里，又澤及嗣人，以其雖襲公爵，而官職未稱，與夫祭祀之儀不備，特命自五十一代孫元措晉階中議大夫，職視四品，兼世宰曲阜縣。六年，又以祭服、祭樂為賜，遣使策祝以崇奉之意告之。方役之興也，有芝生於林域及尼山廟與孔氏家園，凡九本。典役者採圖以聞，且言瑞芝之生，所以表聖德之至。廟成之日，宜有刊紀，敢請並書於石。又廟有層閣，以備庋書，願得賜名，揭諸其上，以觀示四方。詔以奎文名之，而命臣懷

英記其事。臣魯人也，杏壇舊宅，猶能想見其處。今幸以諸生備職藝苑，其可飾固陋之辭，絜楹計功，謹識歲月而已乎。敢竊敘上所以褒崇之意，備論而書之，而後繫之以銘。臣嘗謂：唐、虞三代，致治之君，皆相授以道。至周末世不得其傳，而夫子載諸六經，以俟後聖。降周迄漢，異端並起，儒、墨、道德、名、法、陰陽分而名家，而以六藝經傳為章句之學，歸之儒流，而不知——六藝者，夫子所以傳唐、虞三代之道，眾流之所從出，而儒為之源也。後世偏尚曲聽，沿其流而莫達其本，用其偏而不得其醇。自是歷代治跡嘗與時政高下，洪惟聖上以天縱之能，興學稽古，遊心於唐、虞三代之隆，故凡立功建事必本六經為正，而取信於夫子之言。夫惟信之者篤，則其尊奉之禮宜其厚歟？臣觀漢魏以來，雖奉祠有封，灑掃有戶，給賜有田，禮則修矣，未有如今日之備也。初廟傍得魯廢池，發取石甃，以為柱礎階砌之用，濬井得銅，以為鋪首浮漚，諸飾絲是省所費錢以千計者萬四千有奇，方復規畫，為他日繕治無窮之利，然則非獨今日之新，蓋將愈久而無弊也。〔註19〕

【今按】黨懷英（1134～1211），字世傑，號竹溪，祖籍馮翊（今陝西大荔），奉符（今山東泰安）人。北宋太尉党進十一代孫，金朝文學家、書法家。入仕前隱居祖徠山，築竹溪庵，讀書吟詩。金朝大定十年中進士。金章宗承安二年（1197），改任泰寧軍節度使，為政崇尚寬簡，深得人心。次年再次召為翰林學士承旨。泰和元年，受詔編修《遼史》，卒諡文獻。著有《竹溪集》十卷。

268

郝經曰：昊天之四府，春、夏、秋、冬之謂也。聖人之四經，《易》《詩》《書》《春秋》之謂也。昊天以時授人，聖人以經法天。是則四經也，謂之五，何哉？其一則《禮》《樂》也。夫論性者言四端而不及信，序五行者土配旺於木、火、水、金，故《易》《詩》《書》《春秋》之間，《禮》《樂》為之經緯，雖五而為四也。

【探源】元郝經《陵川集》卷十八《五經論》：邵子曰：昊天之四府，春、夏、秋、冬之謂也。聖人之四經，《易》《詩》《書》《春秋》之謂也。昊天以時授人，聖人以經法天。是則四經也，謂之五，何哉？其一則《禮》《樂》也。夫論性者言四端而不及信，序五行者土配旺於木、火、水、金，故《易》《詩》

<hr>

〔註19〕載四庫本《山東通志》卷一一之七。

《書》《春秋》之間，《禮》《樂》為之經緯，雖五而為四也。惟齊非齊，奇耦錯綜，所以成變化而行鬼神，乃作《易書詩春秋禮樂論》。

【今按】郝經（1223～1275），字伯長，澤州陵川（今屬山西）人。金亡，徙居順天（河北保定）。郝經祖父郝天挺是元好問的老師，元好問曾語郝經：「子貌類汝祖，才器非常，勉之。」郝經之文豐蔚豪宕，長於議論，詩以奇崛為特色，一生留下數百卷著作，今存《陵川集》三十九卷。

269

又曰：盡天下之情者，《詩》也；盡天下之辭者，《書》也；盡天下之政者，《春秋》也；《易》也者，盡天下之心者也。

【探源】元郝經《陵川集》卷十八《五經論・易》：<u>盡天下之情者，《詩》也；盡天下之辭者，《書》也；盡天下之政者，《春秋》也；《易》也者，盡天下之心者也</u>。昔者聖人之於《詩》《書》也，刪定之而已矣。於《春秋》也，筆焉削焉而已矣。其於《易》也，則上下數千載，歷四聖人焉，或畫焉，或重焉，或辭焉，不敢率易而備為之，沒齒刳心焉，始就於一端而已。何獨如是之艱且遠也？蓋顯天下之至神，必待天下之至聖；探天下之至幽，必待天下之至明。況於以天下之至神，於天下之至幽而為大經大法也哉？非至明者與至聖者迭興繼作，艱且遠而為之，則不能也。

270

又曰：六經一理爾。自師異傳，人異學，各窮其所信，而遂至於不一……彼以為是，而此以為非。彼以為非，而此復以為是。師弟異而父子不同，誕妄者入於讖緯，馮藉者入於叛逆，刻深者入於刑名。噫！甚矣！

【探源】元郝經《陵川集》卷十八《五經論・春秋》：<u>六經一理爾。自師異傳，人異學，各窮其所信，而遂至於不一</u>。《易》《春秋》之學相戾，相遠相捍，蔽特其甚焉者。《易》載聖人之心，《春秋》載聖人之跡，心跡一也，何遠之有？彼學者見《易》之神妙不測，變通無盡，範圍天地，曲成萬物，而知鬼神之情狀，探賾索隱，而逆知來物，乃臨深以為高，而遺其跡，視拘拘於世教法度之間者，以為沈於流俗而不返也。而學《春秋》者，於一言一動、一事一物必律之以禮，而繩之以法，惟恐其弛而不嚴，闊略而不切也，而狹其心。不知有變動不拘，周流六虛，上下無常，不可為典要者，故各極其所執，相

乖相格，無有為貫而一之者。蓋《易》窮理之書，而《春秋》盡性之書也。《易》由正以推變，《春秋》由變以返正者也。人之性甚大，而其理甚備，在於行而盡之而已。一行之不當，一性之不盡也。於是聖人因其性之分，與夫分之節，而制夫禮，故人有是性，必以禮行之，而後能盡是性。雖然，行不可必也，時得而行，行之於時，見於事業而已矣。時弗得也，行之於身，著書立言，垂訓於後而已矣。舜、禹、湯、文時得而行，盡性於事業者也。孔子弗得時行，盡性於書者也。而《春秋》者，盡性之跡也。故即性以觀性，莫若即跡以觀性。即性以觀性，無聲無臭，不可得而觀也。即跡以觀性，有徵而可觀也，故觀性之書，皆莫若《春秋》。孔子之著書也，於《易》則翼，於《書》則定，於《詩》則刪，而其於《春秋》也則謂之作，何哉？權天下之輕重，定天下之邪正，起王室之衰，黜五伯之僭，削大夫之專，治亂臣賊子之罪，以魯國一儒，行天子之事，而斷自聖心，書國，書爵，書人，書氏，書名，書字，筆則筆，削則削，游夏不能贊一辭，非若《易》《詩》《書》之因其舊而加修之也，至矣哉！大經大法，百王不易，萬世永行，舜、禹、湯、文盡其性而行之於一時，孔子之作《春秋》，盡其性而行之於無窮也。信乎其生民以來未之有，而賢於堯、舜遠矣！故世之學者，觀於《春秋》而行之，足以盡性而學夫聖，蓋性盡而理窮，則《易》在其中。《易》在其中，則聖在其中矣。嗚呼！三傳之禍興而論說紛紛，豈惟不知與《易》一，而各標異議，莫知所從，<u>彼以為是而此以為非，彼以為非而此復以為是</u>，彼出乎彼，則曰余出乎此。<u>至於師弟異而父子不同</u>，已之偽，是非侈，聖人之真是非喪，則性烏可盡，跡於是乎泯泯也。下此而又有甚焉者。<u>誕妄者入於讖緯，馮藉者入於叛逆，深刻者入於刑名</u>。有王者起，則必削而去之，蹈聖人之跡，以求聖人之心，用《易》以窮理，用《春秋》以致天下，則舜、禹、湯、文之功業可指顧而至，不然，則其亦已矣。

【今按】「《易》窮理之書，而《春秋》盡性之書也。《易》由正以推變，《春秋》由變以返正者也」，這一觀點值得重視。

271

劉因曰：治六經必自《詩》始。古之人十三誦《詩》，蓋詩吟詠性情，感發心志，中和之音在焉。人之不明，血氣蔽之爾。《詩》能導性情而開血氣，使幼而常聞歌誦之聲，長而不失刺美之意。雖有血氣，焉得而蔽也。《詩》而

後《書》。《書》，所謂聖人之情見乎辭者也，即辭以求情，情可得矣。血氣既開，性情既得，大本立矣。本立則可征夫用，用莫大於禮。三代之禮廢矣，見於今者，漢儒所集之《禮記》，周公所著之《周禮》也。二書既治，非《春秋》無以斷也。《春秋》以天道王法斷天下之事業也。《春秋》既治，則聖人之用見。本諸《詩》以求其情，本諸《書》以求其辭，本諸《禮》以求其節，本諸《春秋》以求其斷。然後以《詩》《書》《禮》為學之體，《春秋》為學之用，□□一貫，本末具舉，天下之理窮，理窮則性盡矣。窮理盡性以至於命，而後學夫《易》。《易》也者，聖人所以成終而成始也，學者於是用心焉。是故《詩》《書》《禮》《樂》不明，不可以學《春秋》；五經不明，不可以學《易》。

【探源】元劉因《靜修續集》卷三《敘學》：治六經必自《詩》始。古之人十三誦《詩》，蓋《詩》吟詠情性，感發志意，中和之音在是焉。人之不明，血氣蔽之耳。《詩》能導情性而開血氣，使幼而常聞歌誦之聲，長而不失刺美之意，雖有血氣，焉得而蔽也。《詩》而後《書》。《書》所謂聖人之情見乎辭者也，即辭以求情，情可得矣。血氣既開，情性既得，大本立矣。本立則可以征夫用，用莫大於《禮》。三代之禮廢矣，見於今者，漢儒所集之《禮記》、周公所著之《周禮》也。二書既治，非《春秋》無以斷也。《春秋》以天道王法斷天下之事業也。《春秋》既治，則聖人之用見。本諸《詩》以求其情，本諸《書》以求其辭，本諸《禮》以求其節，本諸《春秋》以求其斷。然後以《詩》《書》《禮》為學之體，《春秋》為學之用。□□一貫，本末具舉，天□□□（應為「下之理」三字——引者注）窮，理窮而性盡矣。窮理盡性以至於命，而後學夫《易》。《易》也者，聖人所以成終而所成始也，學者於是用心焉。是故□□（應為「《詩》《書》」二字——引者注）《禮》《樂》不明，則不可以學《春秋》；五經不明，則不可以學《易》。夫不知其粗者，則其精者豈能知也。邇者未盡，則其遠者豈能盡也。學者多好高務遠，求名而遺實，逾分而遠探，躐等而力窮，故人異學，家異傳，聖人之意晦而不明也。

【今按】「□□一貫」，四庫薈要本作「體用一貫」，文津閣四庫本作「精粗一貫」。

【又按】「治六經必自《詩》始……以《詩》《書》《禮》為學之體，《春秋》為學之用；窮理盡性以至於命，而後學夫《易》……《詩》《書》《禮》《樂》不明，不可以學《春秋》；五經不明，不可以學《易》」，這種經學路徑有利有弊。不過，將《易》與五經（《詩》《書》《禮》《樂》《春秋》）對舉，富有啟發意義。《易》為五經之源，確實應該區別對待。

【又按】劉因（1249～1293），字夢吉，號靜修，雄州容城（今河北容城縣）人。世
為金朝大臣，少有大志，熟習儒家經典，頗有名聲。至元十九年（1282），
應召入朝，為承德郎、右贊善大夫，以母病辭官。至元二十八年（1291），
朝廷再度徵召，以病拒絕。卒贈翰林學士、資政大夫、上護軍，追封容城郡
公，諡號文靖。初入經學，以朱熹為宗，不嚴守朱熹門戶。在天道觀方面，
將生生不息的變化歸於「氣機」，主張「專務其靜，不與物接，物我兩忘」。
為學方面，主張讀書當先讀《六經》《論語》《孟子》，然後依次讀史、諸子，
主張讀書「必先傳注而後疏釋，疏釋而後議論」。「古無經史之分」之說，對
後來章學誠「六經皆史」的觀點產生一定影響。

272

又曰：世人往往以《語》《孟》為問學之始，而不知《語》《孟》聖賢之成
終者，所謂「博學而詳說之，將以反說約」也。聖賢以是為終，學者以是為
始，未說聖賢之詳，遽說聖賢之約，不亦背馳乎！

【探源】元劉因《靜修續集》卷三《敘學》：性無不統，心無不宰，氣無不充，人以
是而生，故材無不全矣。其或不全，非材之罪也。學術之差，品節之紊，
異端之害，惑之也。今之去古遠矣，眾人之去聖人也下也，幸而不亡者，
大聖大賢惠世之書也。學之者以是性與是心與是氣即書以求之，俾邪正之
術明，誠偽之辨分，先後之品節不差，篤行而固守，謂其材之不能全，吾
不信也。保下諸生從余問學有年矣，而餘梗於他故，不能始卒成。夫教育
英才之樂，故其為陳讀書為學之次敘，庶不至於差且紊而敗其全材也。先
秦三代之書，六經、《語》《孟》為大。世變既下，風俗日壞，學者與世俯
仰，莫之致力，欲其材之全得乎三代之學，大小之次第，先後之品節，雖
有餘緒，竟亦莫之適從。惟當致力六經、《語》《孟》耳。世人往往以《語》
《孟》為問學之始，而不知《語》《孟》聖賢之成終者，所謂「博學而詳說
之，將以反說約」者也。聖賢以是為終，學者以是為始，未說聖賢之詳，
遽說聖賢之約，不亦背馳矣乎！所謂顏狀未離於嬰孩，高談已及於性命者
也。雖然，句讀訓詁不可不通，惟當熟讀，不可強解。優游諷誦，涵詠胸
中，雖不明了，以為先入之主可也。必欲明之，不鑿則惑耳。六經既畢，
反而求之，自得之矣。

273

　　吳澄曰：先王教士，以《詩》《書》《禮》《樂》為四術。若《易》者，卜
筮之繇辭；《春秋》者，侯國之史記爾。自夫子贊《易》修《春秋》之後，學
者始以《易》《春秋》合先王教士之四術而為六經。

【探源】元吳澄《吳文正集》卷十九《六經補注序》：先聖王之教士也，以《詩》《書》
　　　　《禮》《樂》為四術。《易》者，占筮之繇辭；《春秋》者，侯國之史記。自
　　　　夫子贊《易》修《春秋》之後，學者始以《易》《春秋》合先王教士之四術
　　　　而為六經。經焚於秦，而《易》獨存。經出於漢，而《樂》獨亡。幸而未亡
　　　　者，若《書》，若《禮》，往往殘缺，惟《詩》與《春秋》稍完而已。漢儒專
　　　　門傳授，守其師說，不為無功於經，而聖人之意則未大明於世也。魏晉而唐，
　　　　注義漸廣。至宋諸儒，而經學之極盛矣。程子之《易》立言幾與先聖並，然
　　　　自為一書則可，非可以經注論。若論經注，則朱氏《詩集傳》之外，俱不能
　　　　無遺憾也。後儒於其既精既當者，或未能嚌味。其所可取，則於其未精未當
　　　　者，又豈人人而能推索其所未至哉！予嘗於此重有嘅焉，而可與者甚鮮也。

【今按】朱彝尊於原文有所點竄，將「先聖王之教士也」改為「先王教士」。

【又按】吳澄（1249～1333），字幼清，晚字伯清，撫州崇仁（今屬江西樂安）人。
　　　　宋末中試鄉貢。宋亡後隱居家鄉，潛心著述，學者稱其為草廬先生。至定元
　　　　年（1321）任翰林學士，敕修《英宗實錄》。對《易》《春秋》《禮記》均有
　　　　《纂言》。追封臨川郡公，諡文正。著有《吳文正公全集》。

274

　　又曰：通天、地、人曰儒〔註20〕。一物不知，一事不能，恥也。洞觀時
變，不可無經。廣求名理，不可無諸子。遊戲詞林，不可無諸集。旁通多識，
不可無紀錄。而其要在聖人之經。聖人之經，非如史、子、文集、雜記、雜錄
之供涉獵而已，必飲而醉其醇，食而飽其蔵，斯可矣。

【探源】元吳澄《吳文正集》卷五七《題楊氏忠雅堂記》：後人之所志，有雅有俗。
　　　　志之雅俗不同，亦猶雅言之於方言、雅樂之於燕樂也。貴遊所事，非聲色之
　　　　娛，則奇珍之玩。而漢河間獻王獨好書，史稱其大雅不群，有以也。楊氏莘

〔註20〕「通天地人曰儒」始見於《揚子法言》卷九《君子篇》：「通天地人曰儒。通
　　　　天地而不通人曰伎。人必先作然後人名之，先求然後人與。人必其自愛也
　　　　然後人愛諸。人必其自敬也然後人敬諸。」

故家前代嘗掌書監，近年二政府位中朝職外服者累累有亦顯且盛矣。家不聚貨寶，以愚子孫，惟儲書及名畫墨蹟。今郎中士允曩從其父唐州使君宦四方，又購書二萬卷，並其先世所藏作堂以貯，扁曰志雅，其亦有慕於古之大雅不群者歟？予聞異端者流之訾吾儒也曰：「儒家器械備具，竟不一用。吾持寸鐵即能殺敵。」蓋譏儒之博而寡要云爾。博而寡要，猶譏儲而弗用。其譏又當何如？且夫大雅君子之儲書以遺後，固將有所用也。請言書之為用。<u>通天、地、人曰儒。一物不知，一事不能，恥也。洞觀時變，不可無諸史。廣求名理，不可無諸子。遊戲詞林，不可無諸集。旁通多知，亦不可無諸雜記錄也。而其要唯在聖人之經。聖人之經非如史、子、文集、雜記、雜錄之供涉獵而已，必飲而醉其醇，食而飽其葅。</u>我與經一，經與我一，使身無過行，心無妄思，其出可以經世，使心如神明，身非血肉，其究可以不世，是則書之，有功於人，人之有資於書而儲之者，所以有期於將來也。不然，一一垂牙籤，新若手未觸，李鄴侯之初意豈如是哉！楊氏子孫其勉諸。堂有記。

【今按】此文論述經的作用在於「洞觀時變」，與史、子、文集、雜記、雜錄僅「供涉獵」的功能不同。

275

趙孟頫曰：六經之為文，一經之中，一章不可少，一字一句不可闕，蓋其謹嚴如此，故立千萬年為世之經也。學文者當以六經為師。舍六經，無師矣。

【探源】元趙孟頫《松雪齋集》卷六《劉孟質文集序》：文者，所以明理也。自六經以來，何莫不然。其正者自正，奇者自奇，皆隨其所發而合於理，非故為是平易險怪之別也。後世作文者，不是之思，始誇詡以為富，剽疾以為快，詼詭以為戲，刻畫以為工，而於理始遠矣。故嘗謂：「<u>學為文者皆當以六經為師。舍六經，無師矣。</u>」江右劉君某，年甚盛，氣甚充，作為詩文數百篇，其鋒殆不可當。然竊思劉君之才過多，若有不必作而作者。<u>夫六經之為文也，一經之中，一章不可少，一句一字不可闕，蓋其謹嚴如此，故立千萬年為世之經也。</u>余老病廢學，劉君不以余為不肖，一再下問，不敢不以誠告。劉君以余言為然耶？則一以經為法，一以理為本，必不可不作者勿使無，可不作者勿使剩，如此，他日當追配古人，豈止鐪屈賈之壘，短曹劉之牆而已哉！

【今按】朱彝尊於原文順序有所顛倒。

276

陳櫟曰：明理然後能作文，講學然後能明理，於何下手？不出乎讀六經
四書而已。

【探源】元陳櫟《定宇集》卷八：文所以明理，<u>必明理然後能作文。必講學然後能明</u>
<u>理。講學當於何下手？不出乎讀六經四書而已。</u>六經非大儒不能盡通，初學
且先通一經，《四書》亦當讀之有次序。文公定法：先《大學》，次《語》，
次《孟》，末及《中庸》。今皆當按此用功，精熟以看《四書》，窮一經然後
讀官樣典雅程文，以則仿之。又求之古文，以助其文氣，曉其文法。雖大儒
教人，亦不過如此而已。

【今按】元陳櫟《勤有堂隨錄》亦載此段。朱彝尊於原文有所點竄。

【又按】陳櫟（1252～1335），字壽翁，晚號東阜老人，安徽休寧人。宋末元初學者。
崇朱熹之學。宋亡，隱居著書。延祐初，有司強之科舉，試鄉闈中選，不赴
禮部教授於家，學者稱定宇先生。櫟所著文十五卷，詩及詩餘一卷，合為《定
宇集》十六卷。

277

張琭曰：學者讀《四書》，以朱子《章句集注》為本。次讀《儀禮》《詩
朱氏傳》《書蔡氏傳》。《易》先朱子《啟蒙》《本義》，以達《程傳》。《春秋》：
胡氏《傳》、張氏《集注》。

【探源】元吳澄《吳文正集》卷七三《故文林郎東平路儒學教授張君墓碣銘》：君蜀
人也，姓張氏，諱琭，字達善，世居永康之導江。<u>教人讀《近思錄》為四子</u>
<u>階梯。《四書》以朱子《章句集注》為本。次讀《儀禮》《詩朱氏傳》《書蔡</u>
<u>氏傳》。《易》先朱子《啟蒙》《本義》，以達《程傳》。《春秋》：胡氏《傳》、</u>
<u>張氏《集傳》。</u>讀史及諸子百家，定其是非邪？

【今按】朱彝尊於原文有所點竄。

278

鄧文原曰：經籍之弗墜，緊漢儒是賴。

【探源】元鄧文原《浮梁州重建廟學記》：聖天子即位之元年春三月，汴梁郭侯由江
浙行中書省都事出守浮梁，蒞事之始，見於先聖，顧瞻庭宇，褊陋弗葺，懼
無以昭來格而承歲祀，且曰：在漢文翁治成都，修學宮，由是蜀士比齊魯，

而翁亦書最循吏，矧番陽故多儒先，豈下漢蜀郡哉？政新令孚，多士勸相，鳩工庀具，廓弘厥規，始是年六月，暨十一月廟成，齋廬堂垣門序庖湢，悉隆舊觀，乃卜日率僚吏諸弟子員行釋菜禮，以告成事。既又聘耆德為弟子師。公退則躬加飭勵，而稽考其勤惰，由是編民佐吏咸競於學，而來者未有止也。越二年冬十一月，制詔天下郡縣，興其賢者能者，充賦有司，敦尚德行經術，而黜浮華之士。此三代學校選舉遺制，而後世鮮克師古，馴至於風俗靡敝致治亡由。今聖天子孝崇繼述，丕闡文教，軼邁往聖，敷告萬方，士莫不澡刷以自振厲。文原忝教冑子，而番士方玉甫等以書來曰：郭侯嘉惠於學，願有紀也。文原竊惟，古之學者，自二十五家之閭以里居之有道德者為左右師，自是而升之黨庠術序國學，雖教成有漸，然其道必原於經術。傳曰：時教必有正業。言非是則險詖頗僻王政所不容，是以教化一而風俗同。周衰，經術已不逮古，若晉韓起吳季札因適魯，而始知《易象》《魯春秋》與周樂，乃不若楚左史倚相能讀《三墳》《五典》《八索》《九丘》也。吳晉猶爾，當時諸侯之國其昧於經者有矣。秦禍有所自來，蓋至秦而後極漢興至建武幾八十年，始罷斥百家，表章六經。當儒道陧厄已久，奮然欲辟邪說，以達仁義之塗，其難如此，而卒未得擬古者得人之盛。然經籍之弗墜，翳漢儒是賴。俗儒卑陋，而莫之省。幸稍自振者則又溺於章句訓詁，不能悉心澄慮，上求聖王所以參主宰而迪民彝者，遂使儒者名為窮經，而實用不著，識者隱憂焉。夫學以為己，而效可及於天下。一有希世取寵之私，則所施必悖士之遊息藏修。於此者尚庶幾夙夜交儆，以毋負菁莪豐芑之澤，是亦郡太守承流宣化者之望也。侯名郁，字文卿，喜讀書，於易尤研賾。其守浮梁，嘗新建舟梁，均賦役，汰煩冗，雪滯冤，為政號稱廉能云。〔註21〕

【今按】此論肯定漢儒傳經之功。

【又按】鄧文原（1258～1328），字善之，一字匪石，人稱素履先生，綿州（今四川綿陽）人。其父早年避兵入杭，遂遷寓浙江杭州。歷官江浙儒學提舉、江南浙西道肅政廉訪司事、集賢直學士兼國子監祭酒、翰林侍講學士，卒諡文肅。文章出眾，堪稱元初文壇泰斗，《元史》有傳。著述有《巴西文集》《內制集》《素履齋稿》等。

〔註21〕見四庫本《江西通志》卷一二七。

279

又曰：六經之書，先聖王之道在焉。故六經在天地，亙萬古而無敝。有興衰理亂之不常者，人也，而非書也。

【探源】元鄧文原《巴西集》卷下《常州路學重建尊經閣記》：六經之書，先聖王之道在焉。前乎書契，言未有聞也。然道非言不傳，既有言矣，又必因人而行。故六經在天地，亙萬古無敝，而世有興衰理亂之不常者，人也，而非書也。古者時教必有正業，凡諸子百氏，非先王之典者，皆不足以蔽其聰明，易其趨向。及其考校，則自一年視離經辨志，以至九年知類通達，強立不反，然後謂之大成。夫惟蒙養端故，教化一而治道可興也。更秦歷漢，經籍復振於燔滅堙絕之餘。諸傳分文析義，各立訓說，多者逾數十家，弟子轉承師授，於是專己守殘，黨同聞而妒道異者蜂午而起。後世習其讀者，不患書之不多，而患夫是非棼亂，無所折衷，不患文之不勝，而患夫矜奇衒巧，卒莫能復歸於質也。而況權利興而政教微，淫哇競而和樂廢，禮制蕩於刑名，陰陽雜於巫祝，離道器重者窒偏見，崇虛無者昧倫理，而經之用幾息。歷代以明經取士，士亦以博聞強記相尚，有真知而實踐者鮮矣。學校者，風化之原也。昔文翁守蜀郡，修起學宮，招下縣弟子以為學官。弟子每出行，縣益從明經飭行者與俱，由是蜀學擬齊魯。夷考其人，則少好學，通《春秋》者也。故為政知本，始如此。

【今按】朱彝尊於原文有所點竄。

280

亨尤魯㺃曰：孔子經法，於《易》則溯伏羲，以本無言；《書》則始唐、虞，以道政事；《詩》則采殷周，以正性情；《春秋》則黜五霸，以嚴名分；《禮》《樂》升降，以鑒污隆。天人之道至矣。

【探源】元亨尤魯㺃《真定路先聖廟碑》：真定者，冀州東垣，堯舊封也。昔帝堯以帝嚳子侯恒山之唐，自唐侯即天子位，徙山之西，號陶唐氏。太行東西境數千里皆帝之圻，真定固神明之宅也。孔子經法，於《易》則溯伏羲，以本無言；《書》則始唐、虞，以道政事；《詩》則采殷周，以正性情；《春秋》則黜五霸，以嚴名分；《禮》《樂》升降，以鑒窪窿。天人之道至矣。乃曰：惟天為大，惟堯則之。唐韓愈謂：堯以道傳舜、禹、湯、文、武、周公、孔子、孟軻。蓋孔氏立教如帝典，微言如三謨，帝堯、孔子位不同而同聖，王安石背道迷經，蒙

君誤國，京佃傾，黨滋熾，世益大壞。河南程氏兄弟承先聖之緒，捄之，終賴其言道不墜地。建安朱氏師則兩程，裒輯遺言，貫通折衷，以悟百世。先正許文正公見其書，神感明會，相我世皇，同符堯、舜，世道人心翕然大正。洙泗淵源，日月昭朗。今神聖繼興，世日趨治。鎮股肱郡也，帝堯之思在焉。朝廷之化先焉，崇事先聖所以教也。鎮士知所鄉往，下學上達，尊經慎藝，何德不進？何業不修？何邪不鑒？何古不及？憲牧之輔治教，縉紳之報君父，於是乎在。乃賦詩以慰鎮人士曰：太行之山，滹池之水。孰古與美？陶唐之里。滹池之滸，太行之所。孰今與伍，皇祖之土。恒山嶙嶙，滹水沄沄。昊天生民，思堯之仁。滹水湯湯，恒山蒼蒼。帝堯相望，於赫世皇。始鎮之府，時未忘武。維士與女，澤沐時雨。龍德出潛，萬方既瞻。春熙秋嚴，自北而南。皇風斯扇，時雍於變。視彼侯甸，恒鎮之先。大殿周廡，先聖之宇。久未今晬，誰敢子侮？有廟有庭，有戶有扃。肅肅其凝，昭昭其靈。新是鎮學，式對恒嶽。惟士也確，順我先覺。求門於牆，求室於堂。伊洛考亭，使我不盲。惟聖之玄，惟王之素。圜冠方屨，天地之度。侃侃誾誾，夭夭申申。如目之眴，如躬之親。既儼既翼，臨汝明德。以賓皇國，方州是則。鎮人聚喜，歸功憲紀。憲人曰止，其誰敢爾。顒望神京，稽首奉揚。配天無疆，天子之光。〔註22〕

【今按】字尤魯狦（1279～1338），四庫本作「富珠哩狦」，字子韠，號菊潭，先為隆安人，後徙順陽。隱居不仕，學行為州里所敬。大德末，因薦授襄陽縣教諭。文宗時，被推薦到中書省，升任翰林國史院編修官。纂修《太常集禮》。著有文集六十卷。

281

蒲道源曰：漢置五經博士，取其專且精也。今之學者恥一經之不該，及究其歸趣，則茫然莫據。又或以注釋經義媒仕進者，視其書，皆掇拾先儒已成之書，初無自得之實，而徒耗蠹紙札，厖亂經訓，益使人厭之。今欲令學者各守一經，則不免於陋；欲兼通諸經，則汗漫而不精；欲拒注釋之煩雜，則恐或廢其善；欲容而受之，則易惑學者。其何以矯其弊而適其中乎？

【探源】元蒲道源《閒居叢稿》卷十三《國學策問》：問：古之學士大夫專守一經，以為家法。由漢以來置五經博士，如夏侯之於《書》，毛萇之於《詩》，大小戴之於《禮》，公穀之於《春秋》，梁丘賀之於《易》，各取其專且精者，以

垂世立教，至於今宗之。今之學者，恥一經之不遍，及究其歸趣，則茫然莫擬（闕）……時又有以注釋經義媒仕進者，視其書，皆掇拾先儒已成之書，初無自得之實，而徒耗蠹紙札，肜亂經訓，益使人厭之。今欲令學者各守一經，則不免於陋；欲兼通諸經，則汗漫而不精；欲拒注釋之煩雜，則恐或廢其善；欲容而受之，則徒滋奔競之偽，而反惑誤學者。諸生必能思而處之，矯其弊而適其中，乃吾黨從事於斯者之所願聞焉。

【今按】朱彝尊於原文有所點竄。

【又按】蒲道源（1260～1336），字得之，號順齋。世居眉州，後徙居興元南鄭（今漢中市漢臺區）。初為郡學正，教授鄉里三十餘年，皇慶二年（1313）徵為翰林編修，進應奉，遷國子博士。年七十被召為陝西儒學提舉，不赴。著有《閒居叢稿》。

282

虞集曰：昔者周公因堯、舜、禹、湯之傳，制典禮以成文、武之業，布之天下，傳之後世。周道之衰，有司廢墜，仲尼思周公之遺緒，無其位以行之，贊其辭於《易》，載其跡於《書》，詠其聲於《詩》，正其法於《春秋》，而周公之制作盡在是矣。

【探源】此則選自虞集《撫州路宜黃縣重修宣聖廟學記》。其文曰：「昔者周公因堯、舜、禹、湯之傳制為典禮，以成文、武之業，布之天下，傳之後世，古昔莫盛焉。周道之衰，有司廢墜，仲尼思周公之遺緒，無其位以行之，贊其辭於《易》，載其跡於《書》，詠其聲於《詩》，正其法於《春秋》，而周公之制作盡在是矣。」（此條參考陳開林《〈經義考・通說〉引文續考》）

【今按】虞集（1272～1348），字伯生，號道園，世稱邵庵先生，祖籍成都仁壽（今四川省仁壽縣）。累官至奎章閣侍書學士。卒贈江西行中書省參知政事、護軍、仁壽郡公，諡文靖。著有《道園學古錄》《道園遺稿》等。

283

又曰：古人制作見於後世者，學士大夫求之《詩》《書》《易》《春秋》，而《儀禮》《周官》其專書也。

【探源】元虞集《道園學古錄》卷十《跋陸友仁所模金石款識》：古人制作見於後世者，學士大夫求之《詩》《書》《易》《春秋》，而《儀禮》《周官》其專書也。

其次惟金石款可見耳，而世不能多見。吳陸友仁所模藏既博又古，時一閱之，何異見朱虎、熊羆、汝鳩、汝方、太顛、閎夭、散宜生於一日之間哉！

284

吳師道曰：道散於群經，會於《四書》。經者，道之所存，而事之本也。

【探源】元吳師道《禮部集》卷十一《與許益之書》：僕生幼而讀書，為文盛氣而銳思，貪博而騁能，自以為適也，既而悔之。聞義理之學，聖人之道於是乎在。時則仁山金子講道，淑婺之人而弗果從。家貧，無書，里良師友又少，閉門矻矻，弗知所向。切自念：<u>道散於群經，會於《四書》</u>，周、程、朱、張諸儒又表章發揮之，微言精義，抉露無餘矣。遂嘅然曰：吾他無書，獨無《四書》乎？吾無所與遊，獨弗能尚友古人乎？於是誦其書，思其人，優游涵泳乎性命道德者幾時。始而茫乎其失也，繼而粲乎其明也，久而確乎其信也。嗚乎！道迄孟氏不傳。毅如荀，謂性惡；慤如揚，謂善惡混；醇如董子，謂性者生之質；懿如王通，以性為五常之本；正如韓愈氏，言性有三品。斯五人者，其絕類離倫，非不卓卓然著矣，而皆昧於論性。今予之愚，一朝而識之，天之予我者如此，先儒所以啟我者又如彼，奈何忍而棄耶？然聞之不如見之之親，見之不如授之之精，無師友以為資，亦終焉寡陋是懼，環視當世，污染淪胥，訕笑迂闊，友且未多見，況於師乎？足下早登仁山之門，深探王何之傳，質純而氣清，道信而學篤，於僕則又道先齒長，實師而非友也。比嘗幸得見退，而迫困世，故弗獲有請一年於茲。足下又警迪之，以文字者屢矣。僕誠不佞，試以所得於先儒而欲終身行者誦言之，涵養須用敬，進學則在致知，學者工夫惟居敬、窮理二事，正容謹節存心主一敬之事也。讀書問道，應事接物，窮理之方也。二者皆主於敬焉，斯言也，先儒所以會聖賢之精微，而示人以約者與？備體用本末而入德之要與？僕之生也愚，而師之求也久，方將請事於敬，未能習而安也，而缺焉，親炙復若是如進學，何足下尚嘉其志，矜其愚，而辱教之，賜一言以自證，則先儒之啟我也，足下之成我也，幸孰大焉！幸孰大焉！

元吳師道《禮部集》卷十九《國學策問》：問經載聖人之道，史記歷代之事，經史者時務之所從出，而經又史之所從出也。以道制事，則經不可以不明。以古准今，則史不可以不講。舍經史而談當世之務，可乎？今策試之法，或止以時務而不及經史，不及經史者豈專以時務為急乎？抑雖不

明言經史，而經史自有所不能外歟？猶可置也。<u>經者，道之所存，而事之本也</u>，其可置歟？有司必不以淺待諸生，而諸生之所自待者亦必不爾。願聞以祛所惑。

【今按】此處將兩篇來源不同的文章捏合為一。

【又按】吳師道（1283～1344），字正傳。元婺州蘭溪（今屬浙江金華）人。至治元年進士。以奉議大夫、禮部郎中致仕，終於家。以持敬致和之說質於同郡許謙，謙答以理一分殊之旨，由此造履益深。其學大抵務在發揮義理，而以闢異端為先務。著有《易詩書雜說》《春秋胡傳附辨》《戰國策校注》《敬鄉錄》《禮部集》。

<h1 style="text-align:center">285</h1>

許謙曰：六經，載道之器，欲求道者不可外乎經。

【探源】元許謙《白雲集》卷二《送尉彥明赴開化教諭序》：先王之教民何如哉？家有塾，黨有庠，術有序，國有學。凡民八歲以上無不聚而教之，下責於大夫士與閭里之長，上則統之於大司徒。誦詩書六藝之文以廣見聞，孝悌忠信之實以敦德行，故賓興以示勸，簡絀以致罰。夫以下民之微，而使天子之上卿拳拳教之者若是，其為意益可見矣。近代以文辭取士，而不考其實，惟務雕鐫鏤刻、破碎支離、詖淫邪遁之辭，靡所不至。六經之道或幾乎息矣。聖朝敦尚實行，放斥浮辭，固學者之所願也。州若縣皆有學，立師而教之，抑彷彿古人之遺意歟？尉君彥，明北方之學者也，來江南且十年，艱難險阻，雖屢嘗之，愈自篤不能變其守，故其發為聲詩，慷慨感激，清俊奇偉，時論稱之。明有司舉而升之，授以開化文學。開化，三衢下邑也，其山水之秀，人物之盛，彥明必能取之，以為吟詠之資，固足以適其性情。然愚所以望於彥明者，不止乎此。今之設教者，乃古大司徒所統之職，位雖卑而責實重，況古之受教者比屋皆然。今則惟業於儒家者耳，受教者多，則成德者眾，受教者少，則責效也嚴。故教之者亦當百倍於古，教者之功可也。<u>六經，載道之器</u>〔註23〕，<u>欲求道者不可外乎經</u>。彥明必能舉是而教之，使立於館下者皆知求之於經，驗之於己，誠立行成濟，然為東南文學倡，豈惟如是而已哉！

〔註23〕「六經載道之器」乃前人成說。宋薛季宣《浪語集》卷二四《答何商霖書一》：「六經載道之器，遠矣！大矣！某既妄有論著，且以薦於洪儒大學之前，明眼難瞞，多見其不自量也。」

秉彝好德之良心，人皆有之，將有不待教聞風而興起者。「十室之邑，必有
忠信」。彥明其留意焉。

【今按】許謙（1269～1337），字益之，號白雲山人，浙江東陽人。年幼喪父，母口
授《孝經》《論語》。官府屢為辟薦，均固辭，以講學著稱於時。著有《白雲
集》。卒諡文懿。《元史》卷一八九有傳。

286

又曰：《詩》以順性情之正，《易》以謹事變之幾，《禮》以固其外，《樂》
以和其中，《書》以示聖賢之功用，《春秋》以誅賞其善惡。

【探源】元許謙《白雲集》卷三《上劉約齋書》：道於萬物，無所不在，用物而中，
於道與否，則存乎人，均一事也。彼應之則非，此應之則是，非事物之理，
本有是非也。人於理有明不明，而措諸行事有當不當爾。昔者聖人與天同道，
建皇極於上，天下之人莫不服其睿知，而懷其道德，與之俱化而不自知，其
所以然，雍雍熙熙，囿於和氣，舉天下無一事一物不得其所，此不言而教，
不動而化。堯、舜之世，比屋可封者為是故也。蓋陰陽運行，無息純粹，清
明之氣常少，而錯糅偏駁之氣常多。故聖人不世出，其得氣之清純，而受大
任者，既立乎其位而化當世矣，又深慮夫繼之者未善而晦斯道也，故不得已，
而後立言，此其以天之心為心，而互宇宙同胞其民也。孔子之聖，適逢天運
之失常，而不得立乎其位，以化當世，又憂後世聖人之不復作也，故取前聖
之言而折衷之，以為不可易之大經，萬世之下，道之顯晦則繫乎人之明不明，
而載道之器，未嘗不全於天地之間也。<u>《詩》以順情性之正，《易》以謹事變
之幾，《禮》以固其外，《樂》以和其中，《書》以示聖賢之功用，而《春秋》
以誅賞其善惡</u>。孔子之意，豈不曰：「吟詠乎《詩》，以養其原，涵養乎《禮》
《樂》，以成其德，應事則察乎《易》之幾，使知懼於《春秋》，而取法於《書》
也。」《易》《禮》《樂》《詩》，循天理，緣人情，品重節制，猶若有意為之。
《書》與《春秋》，則史官紀當時事實爾。孔子恐史之所錄記，善惡混殽，
不足以示懲勸，於《春秋》嚴其褒貶之辭，使人知所懼；於《書》獨存其善，
使人知所法，故《春秋》之貶辭多而褒甚寡，《書》則全去其不善，獨存其
善而已。雖桀、紂、管、蔡之惡，猶存於篇。蓋有聖人誅鉏其暴虐，消弭其
禍亂，獨取乎湯、武、周公之作，為非欲徒紀其不善也。是故羿、浞之篡夏，
幽、厲之滅周，略不及之，觀此則聖人之志可見矣。然則《書》者紀聖賢盛

德大業之全，《書》為萬世之師法，綽綽乎有餘裕。雖火於秦，而沒其半，未害也。後聖人而作史者，法於《春秋》，作編年，而不敢加褒貶；法於《書》，作紀傳，而不敢獨存其善而去惡，況傳聞之謬誤，考察之不精，輕信而不揆之於理，其誣罔聖賢，變亂事實者多矣。以堯之聖，《書》稱「明峻德，親九族」，而史遷輕信，以為堯、舜同出於黃帝，著於《帝紀》。堯以二女妻舜，是從曾祖姑配曾族孫也，謂之明德親族可乎？以微子之忠賢，孔子謂為殷之仁，而劉恕輕信，以為微子抱祭器歸周，列於《外紀》。以殷王元子殷未亡而遽歸周，是賣國自全之人也，謂之仁可乎？即二《典》《微子》之篇而觀之，則誣罔聖賢之罪昭矣。諸若此類，可勝舉哉！溫公編年之書，其大義間有未明。朱子既釐而正之，前乎此，惜乎猶有所未暇也。抑《外紀》成於劉恕困病之中，亦非得意之書歟？先師仁山金某吉父，生於《外紀》既成數百年之後，而於書逆求千古聖賢之心，沉潛反覆，覺與史氏所紀者大異，於是修成一書，斷自唐、虞以下，接於《通鑒》之前，一取正於《書》，而兼括《易》《詩》《春秋》之大旨，旁及傳紀諸子百家，雖不敢如《綱目》寓褒貶於片言隻字之間，而網羅遺失，芟夷繁蕪，考察證據，坦然明白。其於《書》則因蔡氏之舊，而發其所未備。其微辭奧義，則本朱子，而斷於理。勒成若干卷，名曰《通鑒前編》。某受業師門，昔嘗竊窺一二，而未獲見其全書。至於病革，猶刪改未已。將易簀，則命其二子曰：「《前編》之書，吾用心三十餘年，平生精力盡於此，吾所得之學亦略見於此矣。吾為是書，固欲以開學者，殆不可不傳，然未可泛傳也。吾且歿，宜命許某次錄成定本。此子他日或能為吾傳此書乎？」某聞之，抱書感泣。今既繕寫成集矣，吾謂：君子之身存而其道之行不行者，天也；身亡而其書之傳不傳者，人也。先師學于北山何文公魯齋、王文憲公師友之門，而北山實勉齋先生之高弟，其為學也於書無所不讀，而融會於《四書》，貫穿於六經，窮理盡性，誨人不倦，治身接物，蓋無毫髮歉，可謂一世通儒，嘗有大志於天下，而不見用，其命也夫！平生所著書，今或有傳者矣。而此編上論堯、舜以來皆聖賢功用，殆非他書比。身沒且十年，而未克傳，此則人之過也。蓋山林之士未嘗光顯於天下，雖抱瑰奇，人安知而信之？必得當世大人君子一品題之，然後可以發其蘊而新人之耳目，庶幾有信之者。韓退之擅一代之名，其文可必傳於世。島、郊、湜、籍之徒，獲交於退之，而其名至於今不朽。先生紹魯齋先生許子之的傳，而許子之學亦出於朱子，則先師未嘗不同其原也。先生於文章，今之

退之也，得一品題之冠乎篇端，則是書可行於今、傳之於後必矣。古人非窮愁不著書，先師之身亦窮矣，而此書則未嘗發於愁也。凡憤惋悲切，感激奮厲，形於言辭，僅足發其心之不平，而非所以公天下也，然而傳者亦多矣。今以公天下為心，著書以利後學，乃反鬱而未傳，則君子之所宜動心者，使未傳之書因一品題之而得傳，則先生成人美之心盛矣，後學拜先生之賜大矣，然其書之可傳否也，則惟先生進退之。

287

又曰：欲聞道者必求諸經。經非道也，而道以經存。傳注非經也，而經以傳顯。由傳注以求經，由經以知道。蘊而為德行，發而為文章、事業，則所謂行道也。

【探源】元許謙《白雲集》卷三《與趙伯器書》：某得以絕俗謝交，優游山林，以俟夭壽之命，而造物見誅變生，意料所不及。常以人之喜動而務進取者為不安義命，而未必遂其汲汲之心。某切切務退，以求保全所畀賦，不欲戕之爾。天乃區區，吝一靜，亦不以見畀，何耶？今則進退無據，後顧深憂，將何為也？吾子聞之，亦能為一歎否？王希文志甚專，力甚勤，然每為虛曠玄遠之論，而欠循序縝密之功。大率得之朋友漸漬，日固日深，遂以為本所有也。數月間，痛為刮除，知就平實，近來年少氣銳，喜怪厭常，仿想乎高大，而不知有細微，每每奇論如此。吾子知所向方，希文談道，吾子純粹不絕口，固知不為搖撼，否則迷不知復，流為誕妄，非小失也。與希文暫歸城府，舟中觀吾子贈行序文，有訐直之風，無溫厚之氣，多自廣狹人之意，少遜志務敏之心。且在我者，或未能盡超脫乎？此則為是說，亦太早計而自欺矣。道固無所不在，聖人修之以為教。故後<u>欲聞道者必求諸經</u>。然<u>經非道也，而道以經存。傳注非經也，而經以傳顯。由傳注以求經，由經以知道，蘊而為德行，發之為文章事業</u>，皆不倍乎聖人，則所謂行道也。傳注固不能盡聖經之意，而自得者亦在熟讀精思之後爾。今一切目訓詁傳注為腐談，五代以前姑置勿論，則程、張、朱子之書皆贅語爾。又不知吾子屏絕傳注，獨抱遺經，其果他有得乎未也。不然，則梯接凌虛，而遽為此，訶佛罵祖耳。由是觀之，吾子之氣亦少銳歟？且序文見襃者，則為太過，而某平生之學，未敢外先哲之言，以資玄妙也。固疑此文有激而然，識者觀之，或有以窺吾子，不可不謹也。

【今按】「由傳注以求經，由經以知道」，此為正途。

288

袁桷曰：漢武表章六經，興太學，至後漢尤盛。唐附益之，制愈詳密，今可考也。自宋末年，學者唇腐舌敝，止攻《四書》之注。凡刑獄、簿書、金谷、戶口、靡密、出入，皆以為俗吏而鄙棄之，卒至國亡而莫可救。近者，江南學校教法止於《四書》，近於宋世之末尚。甚者知其學之不能通也，於是大言以蓋之。議《禮》止於誠敬，言《樂》止於中和。其不涉史者，謂自漢而下皆霸道。其不能辭章也，謂之玩物喪志。殊不知通達之儒，灌膏養根，非本於六經不可也。

【探源】元袁桷《清容居士集》卷四一《國學議》：成周國學之制，略於大司樂。其遺禮可法者，見於文王世子。三代而上，詳莫得而聞焉。<u>漢武表章六經，興太學，至後漢為尤盛</u>，<u>唐制微附益之，而其制愈加詳密，今可考也</u>。宋朝承唐之舊，而國學之制日隳，至於紹興，國學愈廢，雖名三學，而國學非真國子矣。夫所謂三舍法者，崇寧宣和之弊也。至秦檜而復增之月書季考，又甚夫唐明經帖括之弊。唐楊綰嘗曰：「進士誦當代之文而不通經史，明經但記帖括，投牒自舉，非側席待賢之意。」宋之末造，類不出此。今科舉既廢，而國朝國學定制深有典樂教胄子之古意，倘得如唐制，五經各立博士，俾之專治一經，互為問難，以盡其義，至於當世之要務則略。如宋胡瑗立湖學之法，如禮、樂、刑、政、兵、農、漕運、河渠等事，亦朝夕講習，庶足以見經濟之實。往者，朱熹議貢舉法，亦欲以經說會萃，如《詩》則鄭氏、歐陽氏、王氏、呂氏，《書》則孔氏、蘇氏、吳氏、葉氏之類。先儒用心，實欲見之行事。<u>自宋末年，尊朱熹之學，唇腐舌弊，止於《四書》之注，故凡刑獄、簿書、金谷、戶口、靡密、出入，皆以為俗吏而爭鄙棄</u>，清談危坐，<u>卒至國亡而莫可救</u>。<u>近者江南學校教法止於《四書》</u>。鬈亂諸生，相師成風，字義精熟，蔑有遺忘，一有詰難，則茫然不能以對，又<u>近於宋世之末尚。甚者知其學之不能通也，於是大言以蓋之。議禮止於誠敬，言樂止於中和。其不涉史者，謂自漢而下皆霸道。其不能詞章也，謂之玩物喪志</u>。又以昔之大臣見於行事者，皆本於節用而愛人之一語。功業之成，何所不可？<u>殊不知通達之深者，必悉天下之利害。灌膏養根，非終於六經之格言不可也</u>。

【今按】朱彝尊於原文有所點竄。

【又按】袁桷（1266～1327），字伯長，號清容居士，鄞縣人。20歲舉茂才異等，任麗澤書院山長。大德元年（1297），薦為翰林國史院檢閱官。時初建南郊祭

社，進郊祀十議，多被採納。升應逢翰林文字，同知制誥兼國史院編修官。請購求遼、金、宋三代遺書，以作日後編三史的史料。延祐年間，遷侍制，任集賢直學士，未幾任翰林院直學士，知制誥。至治元年（1321）遷侍講學士，參與纂修累朝學錄，泰定元年（1324）辭歸。在朝 20 餘年，朝廷制冊、勳臣碑銘，多出其手。卒贈中奉大夫、江浙中書省參政，封陳留郡公，諡文清。著有《易說》《春秋說》《清容居士集》《延祐四明志》等。

289

柳貫曰：六經垂世立教之言，不可一日不明於天下也。

【探源】此則選自柳貫《重建宣聖廟記》。其文曰：「有聖人為之依歸，而六經垂世立教之言，所以不可一日不明於天下也。」（此條參考陳開林《〈經義考・通說〉引文續考》）

【今按】柳貫（1270～1342），字道傳，婺州浦陽人。大德四年薦為江山縣教諭，延祐四年授湖廣儒學副提舉，六年改國子助教，至治元年遷博士，泰定元年擢太常博士，三年出為江西儒學提舉，至正元年擢翰林待制，兼國史院編修官，僅七月而卒，故世稱柳待制。事蹟附載《元史・黃溍傳》。著有《待制集》二十卷。博學多通，為文沉鬱舂容，工於書法，精於鑒賞古物和書畫，經史、百氏、數術、方技、釋道之書，無不貫通。與元代散文家虞集、揭傒斯、黃溍並稱「儒林四傑」。

290

吳萊曰：古之學者常得其師傳，每因經以明道。後之學者既失其師傳，苟非明道，則不能以知經。

【探源】元吳萊《淵穎集》卷七《白雲先生許君哀頌辭》：古之學者必有師。世之說者嘗曰：「經師易遇，人師難得。」嗚呼！經師豈易得哉！自嬴秦焚滅經籍之餘，漢以來老師宿儒失其本經，不惟口以傳授，則或新出於風雨壞屋之所藏，是以惟傳經久而不差者為最難。至於人之所以為人，示之以德義，道之以言語，則之以動作，威儀是將，使人觀感興起而易，至於不自覺者，無非教也。雖然，捨經則又何以為人師哉？然以古今經訓學術之變迭興，而師道之所自來者浸遠。蓋惟伊洛諸老先生實始倡為道統，而後知有所謂義理之學，已而考亭繼之，古今經訓學術之變至此而遂定。必也誠明兩盡，知行並進，

可以深造。夫三代聖賢之閫域，不然，則經有傳之益久而愈差者矣。是故古之學者常得其師傳，每因經以明道。後之學者既失其師傳，苟非明道則固不能以知經。經既明矣，吾則又知人之所以為人之道不外乎此也。嗚呼！經師豈易得哉！惟我許君，昔從蘭溪金君履祥學。金君本於王文憲公柏、何文定公基，而王、何二公則又本於黃文肅公幹，蓋此實朱學也。然君天資深厚，學力純至，手抄口誦，志行彌篤，而且樂與人為善。家故貧，常儥屋以居，達人大官踵門候謁，交剡論薦，而曾不為之少動。山東、兩河、江淮、閩海之間，賓客弟子儋簦負笈，執經請業。又必為之搜摘明白，斟酌飽滿而後去。初未嘗見其有惰容，是以終日危坐，學徒環列，無憮無敖，無嬉笑，無訾謷昏瞀者。革心浮躁者易貌，而日就於漸摩變化之歸。嗚呼！考其師友淵源之所自來，君信可謂得夫師道之重矣。此蓋世之所共見而無間言者也。君諱謙，字益之，世為婺之金華人家，居教授凡若干年，年六十八以沒。予適以事，不及哭，而君平日遇予極厚，於是特疏哀頌一篇，以泄予情。此予所以深痛夫人師之難遇，而經師之尤不易得也。

【今按】吳萊（1297～1340），本名來鳳，字立夫，自號深裏山道人，婺州浦陽（今浙江浦江）人。門人私諡淵穎先生。延祐間舉進士不第，在禮部謀職，與禮官不合，退而歸里，隱居松山，深研經史。著有《淵穎集》。弟子宋濂為撰《淵穎先生碑》《淵穎先生私諡議》。

291

又曰：聖人之言，記諸《論語》，垂在六經。其一體一用，妙道精義之發，昭然若揭日月而行諸天也。

【探源】元吳萊《淵穎集》卷六《讀孔子集語》：自孔子歿，學者言人人殊。當戰國之時，遂有孟氏之學，荀卿之學，世子、宓子賤、漆雕開、公孫尼子之學。蓋惟孟氏之學本於曾子、子思而獨得其宗。至於荀卿，則知一反孟氏，而復以人性之善者為惡，豈不遠吾聖人之道哉？然而周人世碩又謂「人性有善有惡，而恒在乎所養」，且作《養書》一篇。宓子賤、漆雕開、公孫尼子之徒實出於吾聖人之門，一倡群和。而告子勝復持與孟軻為辨，雖以漢世大儒董仲舒、劉向、揚雄徒能反覆乎善與不善之間，而終無以究吾聖人之實然者。聖人之道則已久為天下裂矣。孔子在時，東郭子嘗問於子貢，頗疑聖人之門為雜。子貢則曰：「夫子之設科也，以待天下之學者。隱栝之間多曲木，砥

礪之旁多頑鈍，是以雜也。」然則聖人之門，有以德行進，有以政事顯，有以言語行，有以文學著，門弟子各以其性之所近，學之所就，而往教於其國。聖人在時，固不至如東郭子之論其雜也。然而聖人歿而微言絕，異端起而大義乖。吾於是而後知東郭子之論蓋出於聖人既歿之後，而深慮夫戰國諸子之自相矛楯也。自相矛楯，非聖人教之若是其雜也，學者自雜之也。嗚呼！一曲而邪說，百家而橫議，曾不悟其厚誣聖人，而欲求暢其一己之私，納之於聖人之域，鑿空而無所繫著，傅會而徒為蔓衍，聖人之道豈其若是？聖人之遺言佚語則已參差四出，而不可致詰。是故名家苛嬈而煩碎，言聖人必先於正名，法家深礉而慘刻，言聖人可以殺而不殺漁父盜跖肆為譏訕，讖圖卦緯過於妖譌，將其心自恥其文辭之淫妄，義理之膚淺，吾不託之聖人，則不足以信天下後世。天下後世又未必不以此而或疑聖人之門為雜也。老聃言道德，世之清淨寡欲無為者多託之老聃。蘇秦、張儀言縱橫，世之游說熒蠱世主者多託之蘇秦、張儀。此其偽，亦何所不有，宜學者反以是惑也。然而<u>聖人之言記諸《論語》，垂在六經</u>，是<u>其一體一用，妙道精義之發，昭然若揭日月而行諸天也</u>，又豈戰國諸子所得而易雜者哉？雖然，《孔子家語》初出魏王肅家，觀其言，具與大、小《戴禮》相出入，而王肅嘗持以難鄭玄，世之儒者猶或疑之而不盡信，蓋慎之也。況今永嘉薛據所次《孔子集語》，或本於戰國諸子，或載於西漢老儒，雖若聖人之遺言佚語賴此而僅存，吾恐天下後世學者之滋惑也。書以識之，苟或謂吾如劉子玄之疑古者，吾知慎焉而已矣。

292

歐陽起鳴曰：聖經未作，吾道一天地也。斯時也，六經之道藏於人心。聖經既作，吾道一日月也。斯時也，人心之道藏於六經。秦人累經書而畀炎火，孔子、周室之藏始灰，吾道一晦蝕也。然而六經之藏未始灰，漢人噓聖經之燼而復然，孔氏屋壁之藏始出，吾道一吐氣也。然而六經之藏未始出。六經之道，先太極而始，後太極而終，無古無今，無顯無晦，道無不在也。

【探源】歐陽起鳴《論範·漢建藏書之策》曰：「<u>聖經與天地無窮，賢主有以開其初也。……聖經未作，吾道一天地也。斯時也，六經之道藏於人心。聖經既作，吾道一日月也。斯時也，人心之道藏於六經。秦人累經書而畀炎火，孔子周室之藏始灰，吾道一晦蝕也。然而六經之藏未始灰，漢人噓聖經之燼而復然，孔子屋壁之藏始出，吾道一吐氣也。然而六經之藏未始出，六經之道，先太</u>

極而始，後太極而終，大而藏於天地，微而藏於萬物，近而藏於一心，遠而藏於萬世，河圖不能盡泄其所藏之蘊，洛書不能盡傳其所藏之秘，無古無今，無顯無晦，道無不在也。豈以儲藏有地而加益，不儲藏而加損哉？」

【今按】《四庫全書總目》卷一七四集部二七別集類存目一《論範》提要云：「二卷，題元進士歐陽起鳴撰。起鳴不知何許人。其書雜取經史諸子之語為題，各繫以論，而史事為多，共六十篇，所見多乖僻，不足採錄。」《論範・中國帝王所自立》云：「中於天地者為中國。惟得正統之傳者能居之。中國者，中國之中國也，夷夏豈有並立之勢哉！」此書多論正統問題，係乾隆時代一敏感問題，故有「所見多乖僻」之譏。其實此書所論甚正，可補饒宗頤《中國史學上之正統論》之闕。

293

張采曰：學校庠序之設，非六經無以教；天下之大且眾，捨六經無以學。……見諸事物，則民生日用之不可離；措諸天下國家，則亙千萬世而不可易。

【探源】此條徵引張采《重修尊經閣記》中兩段文字而成，其文曰：「由是體用名實，見諸事物，則民生日用之不可離；措諸天下國家，則亙千萬世而不可易。人與天地並立而為三者，由此道也。大哉！六經尊而明矣。學校庠序之設，非六經無以教；天下之大且眾，捨六經無以學。」（此條參考陳開林《〈經義考・通說〉引文續考》）

【今按】《經義考新校》標點作：「學校庠序之設，非六經無以教天下之大且眾，捨六經無以學見諸事物，則民生日用之不可離，措諸天下國家，則亙千萬世而不可易。」兩處關鍵地方沒有斷開。

294

洪希文曰：九經四十八萬字

【探源】元洪希文《續軒渠集》卷八《發蒙》：指畫之無教小兒，吾伊半日出聲遲。九經四十八萬字，何日談論底蘊時。

【今按】洪希文（1282～1366），字汝質，號去華山人，興化莆田人。洪岩虎之子。嘗官訓導。詩風清遒激壯，頗多警句。著有《續軒渠集》。事蹟具《元史類編》卷三六。

295

陳樵曰：秦、漢而下，說經而善者不傳，傳者多未善。淳熙以來，講說尤與洙、泗不類。

【探源】明宋濂《文憲集》卷二二《元隱君子東陽陳公先生鹿皮子墓誌銘》：婺之東陽，有隱君子，戴華陽巾，裁鹿皮為衣，種藥銀谷澗中，當春陽正殷，玩落紅於飛花亭上，亭下有流泉，花飛墜泉中，與其相迴旋，良久而去。君子樂之，日往觀，弗厭，既而入太霞洞著書。其書縱橫辨博，孟軻氏而下，皆未免於論議。元統間，濂嘗候君子洞中。君子步履出速，坐之海紅花底，戒侍史治酒漿葅醢，親執牟獻，酬歌古詞以為驩。酒已，君子慨然曰：「秦、漢而下，說經而善者不傳，傳者多不得其宗。淳熙以來，群儒之說尤與洙、泗、伊、洛不類。余悉屏去傳注，獨取遺經，精思至四十春秋，一旦神會心融，灼見聖賢之大旨，譬猶明月之珠，失之二千年，上自王公，下至皂隸，無不倀倀日索之，終不可致，牧豎乃獲於大澤之濱，豈可以人賤而並珠弗貴乎？吾今持此以解六經，決然自謂當斷來說於吾後云。」

【今按】朱彝尊於原文有所點竄。

【又按】陳樵（1278～1365），字君采（《中國文學家大辭典・遼金元卷》作「居采」，疑誤），號鹿皮子，婺州東陽亭塘人。幼承家學，受經於程直方。學成不仕，隱居圓谷。性至孝。為文新逸超麗。著有《易象數新說》《洪範傳》《經解經》《四書本旨》《孝經新說》《太極圖解》《通書解》《聖賢大意》《性理大明》《答客問》《石室新語》《淳熙糾謬》《飛飛觀小稿》《鹿皮子集》。

296

又曰：後世之詞章，乃士之脂澤、時之清玩耳。舍六經弗講，而事浮詞綺語，何與？

【探源】明宋濂《文憲集》卷二二《元隱君子東陽陳公先生鹿皮子墓誌銘》：或就之學，則斥曰：「後世之辭章，乃士之脂澤、時之清玩耳。舍六經弗講，而事浮辭綺語，何哉？」

297

又曰：近時學經者，如三尺之童觀優於臺下，但聞臺上語笑聲，而弗獲睹其形，所以不知妍媸，惟人言是信。

【探源】明宋濂《文憲集》卷二二《元隱君子東陽陳公先生鹿皮子墓誌銘》：濂受其
　　　　說以歸，間嘗質之明經者，或者曰：「近時學經者，如三尺之童觀優於臺下，
　　　　但聞臺上語笑聲，而弗獲見其形，所以不知妍媸，唯人言是信。」君子之論
　　　　偉矣！

【今按】朱彝尊於原文有所點竄。

298

　　黃澤曰：唐人考古之功，如孔穎達、賈公彥最精密，陸德明亦然。宋代
諸儒經學極深，但考古之功卻疏。若以宋儒之精，用漢、魏、晉諸儒考古之功
則全美矣。

【探源】元趙汸《春秋師說》〔註24〕卷下「春秋指要」條：唐人考古之功，如孔穎
　　　　達、賈公彥最精密，陸德明亦然，但音切未善。宋氏諸儒經學極深，但考古
　　　　之功卻疏。若以宋儒之精，用漢、魏、晉諸儒考古之功則全美矣。去古既遠，
　　　　不先效漢、魏諸儒之勤，卻便欲說義理，只愈疏耳。大抵生於後世，既不獲
　　　　親見聖賢，又不獲在兩漢、魏、晉間，則去古日遠，考古之功自然不及，如
　　　　名物度數，漢儒猶有目擊者。今卻皆是索之紙上，豈不疏乎！夏時周月之說，
　　　　魏晉諸儒焉得有此論乎？自唐以來，說《春秋》者多不滿於《三傳》，然說
　　　　者之於《春秋》，其詳密未必能及左氏、杜預也。使說《春秋》者先有丘明、
　　　　元凱詳密之功，而後加以河洛大儒之論，則事情既得，書法不差，義理自然，
　　　　順序可以歸一。今諸說皆捨先儒已成之功、稽古之實，所見又未完備，而遽
　　　　與之立異焉，《春秋》之道所以久而不明者，以此故也。

【今按】黃澤（1259～1346），字楚望，資州（今四川資中）人。生有異質，以明經
　　　　學道為志，好為苦思，屢以成疾，疾止復思，久之，如有所見，作《顏淵仰
　　　　高鑽堅論》。蜀人治經，必先古注疏，黃澤於名物度數，考核精審，而義理
　　　　師承程頤、朱熹，作《易春秋二經解》《二禮祭祀述略》。

299

　　朱隱老曰：聖人之於經也，其託始有原，其要終有柢，其指事有情，其
命名有義。

〔註24〕趙汸嘗師九江黃澤，其初一再登門，得六經疑義十餘條以歸，已復往留二載，
　　　　得口授六十四卦大義與《魯春秋》之要，故題曰「師說」，明不忘所自也。

【探源】待考。

【今按】朱隱老，字子方，號灞峰，豐城人。元末明初人。築一小圃，額曰隱園，故自號曰隱老。洪武中大學士朱善之父。其《皇極經世書說》十八卷多講義理，于邵子數學推步罕所發明，未能得其綱領，今收入《四庫全書存目叢書》子部第 56～57 冊中。

300

又曰：仲尼之修經，為天下計，為來世計也。苟有志乎為學，則上自天子，下至匹夫，皆可以學仲尼也。

【探源】待考。

301

楊維楨曰：善讀《易》者以知來，善讀《書》者以辨事，善讀《詩》者以正性，善讀《春秋》者以知往，善讀《禮》《樂》者以制行和德，聖人其無餘蘊矣。學者幸有聖人之書可讀，則聖人之蘊在我不在聖人也。

【探源】元楊維楨《東維子集》卷二二《讀書齋志》：醉李貝仲琚自幼穎悟，長有奇氣，而於詩書無所不讀，求天下未見書如不及，題其室曰讀書。自課早讀若千萬言，莫記誦若千萬言。蓋出則於書少輟，入室則又手披而口吟矣。妻子責不理產，及不能廢居，居邑則曰：「我業蓋是。」仲琚於書其穎若是，而余最號不善讀書者也，性未能寡欲，其讀也不能靜且顓，即顓又性猝急，苟且開即嘔涉欲竟為常恨，自課不能如仲琚，而仲琚求余文以志室，亡乃左乎？重違其志，則曰：自瞽儒之說有皋、夔無書可讀，而天下之學幾廢。不知河雒之文，天下之至書也。帝典以前有皇墳之書，大道所寄。善讀者稱左史倚相，斷自唐、虞以下。堯以是傳之舜，舜以是傳之禹，其炳然見於書，與二曜齊明，不能滅也。前聖既往，後聖復起。《易》也，《詩》也，《書》也，《禮》《樂》《春秋》也，皆聖人之書也。<u>善讀《易》者以知來，善讀《書》者以辨事，善讀《詩》者以正性，善讀《春秋》者以知往，善讀《禮樂》者以制行和德，聖人其無餘蘊矣。學者幸而有聖人之書可讀，則聖人之蘊在我不在聖人也。</u>然有不幸詁訓之溺也，詞章之隆也，異端小道之亂也。吁！此非書之罪也，讀書而不徹其蘊之罪也。讀書而不徹其蘊，則瞽儒之說勝也已。斲輪扁有告於齊之君者曰：「臣不能以喻臣之子，臣之子亦不能以受之於臣。

行年七十，老於斲輪。古之人與其不傳者死矣，君之所讀，其糟粕已夫。」
吁！茲非瞽儒之論也，讀書而無有徹其蘊之病也。仲琨讀書二十年，其於聖
人之書蓋已靜而且顯者矣，其所以知來，則善讀《易》者也；其所以辨事，
則善讀《書》者也；其所以正性，則善讀《詩》者也；其所以知往，則善讀
《春秋》者也；其所以制行而和德，則善讀《禮》《樂》者也。然則所為，由
聖人之書以求聖人之蘊者，將於是乎在。吾欲藉以徹後此之瞽儒也，故志之。

【今按】楊維楨（1296～1370），字廉夫，號鐵崖、鐵笛道人，又號鐵心道人、鐵冠
道人、鐵龍道人、梅花道人等，晚年自號老鐵、抱遺老人、東維子。紹興路
諸暨人。泰定四年（1327）中進士，放天台縣尹，因懲治作惡縣吏，遭奸吏
報復免官。後任職錢清鹽場，因請求減輕鹽稅被斥為忤上，以至十年不調。
後官至建德路總管府推官，繼升江西儒學提舉。元末避亂居富春山，後遷居
錢塘（今杭州）。後徙松江，從此遨遊山水，以聲色自娛。著有《春秋合題
著說》《史義拾遺》《東維子文集》等。事蹟詳見《楊維楨年譜》。

302

鄭元祐曰：與天地相久遠者，聖人之道也。六藝、百家莫不折衷於聖人
而後定。觀於《詩》而性情得其正，於《書》而政紀得其宜，於《禮》而敬，
於《樂》而和，於《易》則有以驗陰陽，於《春秋》則有以定名分。聖人之功，
與天地高深。迄於今而不墜者，六經所以統天地之心也。

【探源】元鄭元祐《僑吳集》卷十《藏書樓記》：舉天地相久遠者，聖人之道也。然
道非書則不傳，故六經所以統天地之心。若夫史子百家之言，其載道雖不能
無淺深，措詞不能無工拙，下逮叕荛稗官，亦未有背道而可以傳世行後，得
齒列於藏書之家者。故藏書之家自經出坑焚，漢武表章以後，今幾二千年，
儒先班輩出，其翼經以明道，析理以傳經，其於三才萬物之，理治忽幾微之
驗，名物度數之詳，興壞理亂之故，其為書充棟汗牛，藏之中秘者固所不敢
論。若昔張氏、晁氏、葉氏、陳氏，其所藏書既竭其貲力以營購，又竭其心
思以表題，然今書雖散亡，而猶可以見其嗜古而力學，視築臺樹貯歌舞變滅
於須臾之頃者，相去豈不萬萬哉！雖然，藏書者豈徒鬥卷帙之富，競簽軸之
美哉？蓋將講讀討究以致其博，及其至也則必斂之於約，以驗其所自得者焉。
不若是，則是誇多鬥靡也，則是求知干祿也，曾何足以致博極之功、研諸家
之說也。

　　元鄭元祐《僑吳集》卷十一《讀書舍記》：君子所以貴夫讀書者，豈徒誇多鬥靡而已哉？豈徒博聞洽論而已哉？豈徒科名利祿而已哉？蓋三才萬物之理，興壞治亂之效，名物度數之詳，動靜消息之故，是皆非書莫能載，故善讀書者其於理無不窮，於效無不睹，於詳無不考，於故無不知。夫若然者，抑亦可謂繁且多矣，然不返求諸身而會於約，則豈善學聖人者哉？故君子學欲其博，守欲其要，讀書者舍是，吾恐其如大軍之遊騎，出太遠而無所歸。然竊論之。唐、虞、夏、商之時可謂至隆極盛也已，士生其間，豈一一本於書也。至周而文大備。及其衰也，聖人出焉。<u>六藝、百家莫不折衷於聖人而後定。由是之後，觀於《詩》而性情得其正，於《書》而政紀得其宜，於禮而敬，於樂而和，於《易》則有以驗陰陽，於《春秋》則有以定名分，是則聖人之□，□（原闕二字，當為「功與」）天地高深。</u>迄於今而不墜者，由書始傳也。書之功若是，善讀者即所以善學聖人也。更秦，書幾泯盡而無餘。漢更，武帝表章六經，及其衰而學者讀書之效至以清言而高議，扶持人極，與漢相始終，然人自為書，家自為說。逮乎隋、唐，以迄於宋，明之為日月，幽之為鬼神，象犀、珠玉之富，車旗、廟朝之貴，河海山嶽之深厚，風雲雷電之變化，可謂眾且多矣，然未有不本乎經，根乎理，以擅專門名家者也。書至此而不勝其繁，讀之者累日窮年而莫之能竟，自非善讀以致其博，善守以歸其要，則將何以哉？吳人顧仲瑛氏家於崑山界涇之上，凡所居室，藏修遊覽，莫不皆有題扁之名，至於其所藏書而翻閱之所則曰讀書，舍其所志以揭於兩楹者，則曰「學時」、「時習」、「德日」、「日新」。予喜其有志於讀書也，然其本末兼該，內外交養，則必本於反身窮理，庶有以驗夫三才萬物無一不備乎吾心，以吾心之所固有，推而達之家國天下，所謂成己之仁，成物之智，非善讀書者不能也。雖余老矣，且將扁舟過仲瑛，以扣其所造詣，仲瑛必有以語我。

【今按】此條繫捏合不同來源的材料而成。

【又按】鄭元祐（1292～1364），字明德，號尚左生，處州遂昌（今浙江麗水遂昌）人。學者稱遂昌先生。早年居杭州，後來僑居吳中近四十年，在吳中士人中影響甚大，當時吳中碑碣序文之作多出其手，弘治九年（1496）張翥稱之為「吳中碩儒，致聲前元」。著有《僑吳集》《遂昌雜錄》。

【又按】元鄭元祐《僑吳集》卷十一《春暉堂記》：「六經所以統天地之心者，豈有他哉？不過明君臣之義、父子之親而已。」